Transformer l'Église

Transformer l'Église

Quelques propositions à la lumière de *Fratelli tutti*

bayard

18, rue Barbès, 92128 Montrouge cedex
ISBN : 978-2-2274-9951-5

Contributeurs

Yves Berthelot
Ancien sous-secrétaire général des Nations unies
Brigitte Camdessus
Thérapeute familiale systémique
Michel Camdessus
Ancien membre du conseil pontifical Justice et Paix,
ancien directeur général du FMI
Anne Lannegrace
Psychologue et psychanalyste
Jean-Paul Lannegrace
Ancien président de l'Observatoire chrétien
de l'entreprise et de la société
Xavier Larère
Ancien directeur général d'Antenne 2,
ancien président du Mouvement pour la réinsertion sociale
des sortants de prison
Dominique Letourneur
Conseiller de la direction de l'Institut français
des relations internationales (IFRI)
Françoise Malrieu
Administratrice de sociétés et d'associations
Dosithée Yeatman
Ornithologue

Pour les parties I et III
Pierre Achard
Inspecteur général des finances
Jean-Sébastien Letourneur
Président d'honneur de l'Union des utilisateurs d'énergie

« Il est nécessaire que chaque baptisé
se sente engagé dans la **transformation** ecclésiale
et sociale dont nous avons tant besoin. »

Pape François
Lettre au peuple de Dieu
(août 2018)

Avant-propos

Depuis plusieurs années, le groupe d'amis, dont les noms figurent à la page précédente comme « contributeurs », s'est réuni périodiquement pour essayer de mieux comprendre les évolutions profondes des sociétés actuelles et la manière dont l'Église catholique tente d'y répondre.

Le livre que nous publions aujourd'hui est né de notre bouleversement de chrétiens devant la révélation de la pédo-criminalité dans les rangs du clergé et, peut-être plus encore, par son traitement par les autorités. Le pape François a pris la mesure de cette tragédie dans une démarche sans précédent en adressant une *Lettre au peuple de Dieu*, le 20 août 2018, dans laquelle il écrit :

« Il est impossible d'imaginer une conversion de l'agir ecclésial sans une participation active de toutes les composantes du peuple de Dieu. Plus encore, chaque fois que nous avons tenté de suppléer ou de faire taire, d'ignorer, de réduire le peuple de Dieu à de petites élites, nous avons construit des communautés, des projets, des choix théologiques, des spiritualités et des structures sans racine, sans mémoire, sans visage, sans corps et, en définitive, sans vie, […] diminuant et sous-évaluant la Grâce baptismale que l'Esprit saint a placée dans le cœur de notre peuple. »

Certains d'entre nous, par métier, sont familiers de l'analyse du fonctionnement des sociétés. Cela nous a aidés à partager, assez rapidement, le diagnostic du pape François pour qui le drame des abus ne saurait se réduire à l'addition d'une somme de défaillances individuelles. Le traitement de la pédophilie par l'Église – évêques, supérieurs religieux, leaders charismatiques, et le Saint-Siège lui-même – a révélé une grave défaillance dans sa structuration sociale qui a conduit à ignorer les victimes et à protéger les prédateurs, et à trahir ainsi très gravement l'Évangile.

La racine de cette défaillance se trouve, selon le pape François, dans le cléricalisme, c'est-à-dire dans une mentalité que clercs et laïcs partagent. Elle assimile l'Église au clergé ; elle voit dans la soumission à la hiérarchie une caractéristique majeure du catholicisme, et, plus gravement encore, elle sacralise indûment la personne des prêtres et exonère les responsables ecclésiaux de rendre des comptes. Un tel état de choses, loin d'être fondé dans notre foi, s'est révélé moralement périlleux pour les détenteurs du pouvoir spirituel. On le vérifie, sans surprise, dans les abus de conscience rapportés, dans les délits sexuels commis dans l'exercice du ministère, et aussi dans la gestion de l'argent de l'Église, y compris dans certains cercles du Vatican, comme le rapportent les médias.

Nous faisons vraiment nôtre le jugement du pape François qui considère que les abus ont conduit à identifier une crise bien plus profonde, celle du fonctionnement clérical et autoritaire de l'Église qui persiste un demi-siècle après Vatican II. Ce fonctionnement, d'une part, déforme sa nature profonde et, d'autre part, il rend dysfonctionnel son rapport à la société.

Doctrinalement, l'identification du clergé à l'Église n'est pas justifiable et l'on ne peut pas non plus comprendre le pouvoir qu'il exerce dans l'Église, comme s'il s'agissait d'un pouvoir sur l'Église. En effet, comme le rappelle l'introduction de la constitution dogmatique *Lumen Gentium*, l'Église est le peuple de Dieu le Père, constitué de tous les baptisé(e)s, le corps du Christ dont les membres sont fort divers, et le temple du Saint-Esprit qui répand ses dons à tous, si bien qu'aucun chrétien, qu'aucun groupe de chrétiens n'en a le monopole. La vie chrétienne implique donc un régime d'écoute mutuelle, de responsabilité partagée et de décision commune, dans le respect de l'instance dernière qu'est la foi de toute l'Église, exprimée par le consensus de tous les évêques en charge des Églises locales.

Concrètement, une Église cléricale et autoritaire peut-elle instaurer une relation vraiment évangélique avec la société au sein de laquelle elle vit ? D'aucuns le pensent, en se référant à l'écho favorable que certaines encycliques sociales trouvent dans l'opinion publique. Toutefois, une Église qui prêche aux autres ce qu'elle ne pratique pas elle-même sera peu crédible et ne façonnera pas non plus le comportement de ses membres dans leur contexte social. On ne peut dissocier l'Église en elle-même et son message pour les êtres humains vivant en société de la manière dont les chrétiens eux-mêmes vivent comme citoyens. Une telle dissociation semble discutable, à bien des égards.

Empiriquement, on doit se demander si la sociabilité vécue au sein de l'Église, et notamment le type de citoyenneté qui y est prônée, ne constitue pas une matrice de comportement civique et social pour ses membres[1].

1. Une telle relation n'est pas mécanique, comme le montre l'émergence de la démocratie chrétienne dans une Église autoritaire. Mais n'y avait-il aucun lien entre l'intransigeantisme catholique d'une époque et les régimes de Franco et de Salazar ? Ainsi le principe de subsidiarité est prôné pour la société et peu appliqué en interne.

Pastoralement, peut-on croire facilement qu'un enseignement, que l'on n'applique pas suffisamment soi-même, en interne, sera bien fructueux pour ses destinataires externes[1] ? De même l'adhésion du peuple chrétien à la vérité proclamée restera assez stérile tant que ses membres ne passeront pas à l'action dans la cité pour que les marginalisés y trouvent place et dignité, que ceux qui ont faim puissent gagner de quoi vivre et se nourrir, que les sans-abris soient hébergés, les migrants accueillis… Chercher à résoudre ces problèmes, complexes et techniques, suscitera nécessairement des conflits car cela influencera notre manière de vivre, notre attachement aux biens que nous possédons, au cercle des personnes que nous avons l'habitude de fréquenter. Comme chrétiens, comme Église, nous croyons devoir contribuer à transformer un monde qui en a tant besoin, mais le pourrons-nous sans nous transformer nous-mêmes ? Difficile donc de dissocier la « vie interne » et sa présence aux sociétés[2].

---

1. La faveur accordée à la subsidiarité dans la vie sociale n'a guère d'équivalent dans l'Église.

2. À cet égard, la suggestion du cardinal Suenens conduisant Vatican II à traiter à part l'Église en elle-même (*Lumen Gentium*), et l'Église dans le monde de ce temps (*Gaudium et Spes*), pose sans doute question. Mais pouvait-on faire autrement ?

Théologiquement enfin, la manière même dont nous vivons devant Dieu et en communion avec Lui qualifie notre manière de vivre avec nos frères humains, et semblablement la manière dont nous vivons avec qualifie notre attitude devant Dieu, car c'est le critère dont Dieu se servira pour nous juger « Tout ce que vous aurez fait aux plus petits de mes frères, c'est à moi que vous l'avez fait » (Mt 25,40). Les deux commandements de l'amour de Dieu et de l'amour du prochain sont indissociables comme Jésus lui-même l'a souligné.

Toutes ces raisons nous ont conduits à faire écho à l'encyclique *Fratelli tutti* du pape François, en même temps qu'à sa réforme d'une ecclésiologie par trop cléricale et autoritaire. Cela attirera l'attention sur la cohérence du magistère du pape actuel qui est en train de renouveler les relations entre l'Église et le monde. Différemment de ce que certains lui reprochent, il n'entend pas conformer l'Église à ce monde. Il combat plutôt un modèle trop humain d'exercer l'autorité dans l'Église et il espère faire ainsi progresser la fraternité dans l'Église et tout autant dans le monde.

Le livre que nous publions aujourd'hui reprend l'essentiel d'une publication, faite à compte d'auteur, pour un lectorat restreint (des évêques et des relations assez proches). Elle proposait une réflexion sur la transformation de l'Église souhaitée par le pape François, avant la publication de

Fratelli tutti. Comme elle a été beaucoup demandée, nous la republions, en y intégrant assez logiquement l'apport de cette encyclique qui nous a beaucoup parlé du fait des expériences entrepreneuriales et internationales de plusieurs d'entre nous ; car souvent placés en première ligne, nous avons pu mesurer les ravages subis par un monde dominé, comme le dit l'encyclique, par l'avidité, la surconsommation et le pouvoir des forces financières.

Nous avons également révisé le texte de notre première publication, en attirant l'attention d'abord sur le lien entre la transformation de l'Église et celle des sociétés, pour avancer vers un monde plus fraternel, dont l'appel commun du pape François et du grand imam d'Al-Azhar en est un présage. Ensuite nous avons prêté plus d'attention à la synodalité, une institution essentielle pour que le peuple de Dieu et donc les chrétiennes participent à la transformation de l'Église.

La proximité du synode mondial sur la synodalité prévu pour 2022 et l'urgence pour l'Église à travers le monde de s'y préparer nous conduisent à publier, sans plus de délai, cet ensemble de réflexions.

Partie I

Pour la transformation de l'Église

Chapitre 1

Sortir du cléricalisme

> *« Dire non aux abus, c'est dire non,*
> *de façon catégorique,*
> *à toute forme de cléricalisme. »*
> *Pape François*

Les chrétiens que nous sommes traversent des heures qu'ils n'auraient jamais imaginé connaître. Les actes commis par des clercs de tous rangs nous sidèrent. Comment aurions-nous pu imaginer qu'aux plus hauts niveaux du clergé, de tels crimes puissent être commis ? Et qu'un grand nombre d'évêques ait choisi dans plusieurs pays d'ignorer la souffrance des plus faibles pour protéger une image mensongère de l'Institution ?

Au fil des révélations, les indices d'une crise systémique sont apparus. Le pape François en a nommé la cause en dénonçant le cléricalisme qu'il nous invite à combattre. Nous sommes convaincus de la pertinence de ce diagnostic. Il nous conduit à exprimer publiquement notre désir de soutenir son action avec la communauté catholique à laquelle nous sommes profondément attachés.

Les ressources de sainteté que nous admirons dans l'Église, l'irréprochable conduite de l'immense majorité des prêtres et des religieux et religieuses, leur souci du bien commun là où ils vivent dans le monde entier, nourrissent notre espérance. Nous percevons, pourtant, le désarroi et la souffrance de certains d'entre eux que nous connaissons bien. Ils doivent quitter leurs paroisses à multiples clochers et fermer des églises désertées. Ils craignent de ne pas être remplacés dans des fonctions auxquelles ils se sont donnés sans compter. Nous rencontrons la même souffrance chez des religieuses et des religieux âgés invités à abandonner des institutions ou des couvents où, comme des générations de membres de leurs ordres, ils ont passé une vie de service et de prière. Ils craignent d'être les derniers, mais gardent leur espérance. Ils nous encouragent à participer avec plus de cœur encore à la transformation de l'Église.

Le pape François a eu la lucidité et le courage de dénoncer le cléricalisme, comme une emprise excessive des hommes d'Église sur la communauté des fidèles. Le passage à l'acte, qui tire parti de l'emprise spirituelle sur la victime, a été facilité par la sacralisation des clercs, par l'autorité et le prestige qu'on leur attribuait. En même temps, la volonté de préserver l'image du clergé leur valait l'impunité. Comme l'a dit le pape François, « dire non aux abus, c'est dire non, de façon catégorique à toute forme de cléricalisme ». Nous sommes convaincus de la justesse de ce jugement.

Le cléricalisme trouve, pour une bonne part, son origine dans le fait qu'au cours de l'histoire, le ministère sacerdotal s'est peu à peu soustrait à son insertion dans l'assemblée célébrante, au point qu'aujourd'hui un prêtre peut célébrer « sa » messe tout seul. Dès le XIIIe siècle et surtout depuis le concile de Trente (1542), le sacerdoce commun des fidèles est devenu de plus en plus nominal. Les prêtres sont désormais appelés « le sacerdoce » et ils se voient attribuer un pouvoir inhérent à leur personne, et peu compris comme un service du peuple de Dieu tout entier sacerdotal, comme au premier millénaire.

Préserver cette « haute » conception du sacerdoce a conduit les hiérarchies ecclésiales à se taire, tout comme de nombreuses familles. Elles s'abstenaient de porter l'affaire en justice pour protéger leur enfant, et probablement aussi du fait d'un respect mal placé à l'égard des autorités religieuses.

Un tel désastre, où l'on n'a pas obéi à sa conscience qui imposait de dénoncer à la justice les crimes et délits dont on avait connaissance, s'explique par le consentement à un régime d'autorité, inculqué par les clercs aux laïcs.

Pourtant, aucun souci du bien commun, aucune conception de l'obéissance ne peut justifier le silence de l'entourage devant le sacrifice des plus faibles et l'autorité des prédateurs. Il est urgent que les chrétiens dans leur ensemble redécouvrent le sens de leur liberté et la pleine dimension de leurs responsabilités. Comme le rappellent les annexes 1 et 2, la concentration de tous les pouvoirs dans le clergé et la référence à deux sacerdoces distincts (celui des prêtres et celui des fidèles) ne reflètent pas la tradition de l'Église. Il leur appartient donc de l'exercer dans l'Église et dans le monde, en fidélité à la grâce baptismale que l'Esprit saint place dans leur cœur. Nous viendrons à bout ensemble des abus du cléricalisme par une meilleure collaboration entre tous, ce qui permettra à l'Église de mieux ajuster le message et ouvrir de nouvelles voies vers la prêtrise.

Décléricaliser la parole et le langage du magistère

La nature normative du discours magistériel n'entraîne pas qu'il doive être autoritaire, voire moralisateur car, dans ce cas, il ne favoriserait plus ni la maturité chrétienne des fidèles ni la communication au sein de l'Église.

Dans le domaine de la vie affective, et plus largement pour certaines questions de bioéthique, le langage utilisé nous semble autoréférentiel et bien éloigné des questions qui nous concernent dans la vie civique et dans nos débats quotidiens. Il n'a pas encore intégré l'orientation recommandée par Vatican II qui précise le rôle des laïcs : « les pasteurs avec l'aide de l'expérience des laïcs sont mis en état de juger plus clairement et plus exactement en matière spirituelle aussi bien que temporelle, et c'est ainsi que toute l'Église pourra, renforcée par tous ses membres, remplir sa mission plus efficacement pour la vie du monde » (*Lumen Gentium* 37).

La valorisation d'un vocabulaire scolastique, comme celui de nature, pour parler de ce qui est permis ou défendu, s'agissant des méthodes de régulation des naissances, s'est heurtée à l'incompréhension. De même le recours à un vocabulaire moralisant pour décrire la société occidentale qui serait matérialiste, relativiste, séculariste, hédoniste, féministe, etc., ne nous aide pas à mettre en valeur les apports positifs de l'anthropologie chrétienne. Cela ne nous aide pas non plus à assumer notre rôle de chrétiens dans les entreprises, les syndicats, les universités, les médias, les partis politiques, où nous devons lutter pour plus de justice et de vérité. On se réjouit donc de constater qu'un changement de langage est en cours. C'était urgent.

Notre monde est emporté par une formidable accélération de l'histoire qui bouscule tous nos repères. Partout, et notamment parmi les jeunes, se manifeste une vive soif de sens et, confusément, de vie spirituelle. En témoigne un marché du développement personnel où parapsychologie, recettes de mieux-être et approches mystiques s'offrent à l'étalage et s'universalisent. Pourtant, par l'engagement actif des chrétiens et leur vigilance, la parole de l'Église pourrait contribuer de façon précieuse à orienter les hommes vers un bien commun universel et l'épanouissement de chacun.

L'accueil très positif de l'encyclique *Laudato Si* sur la sauvegarde écologique de la planète a montré l'importance d'un langage accessible à tous les hommes appelés à construire ensemble un monde plus habitable et fraternel. « Cette encyclique, disait récemment Edgar Morin – qui se voit comme "un incroyant radical" – est peut-être l'acte I d'un appel pour une nouvelle civilisation. » Nous reviendrons plus loin, et plus en détail, sur notre souci d'un langage clair et engageant à l'adresse des jeunes.

Un renouvellement de l'appel à la prêtrise et de la formation du clergé

Nous constatons autour de nous qu'un certain nombre de prêtres, en particulier parmi les plus jeunes, sont peu favorables aux réformes envisagées et à un renforcement de la synodalité. Certainement tout à fait donnés à leur sacerdoce, ils paraissent, même après Vatican II, peu disposés à collaborer avec les fidèles. Dans leurs paroisses, ils attendent des conseils pastoraux qu'ils ratifient leurs décisions. Leur priorité ne semble pas être d'éclairer les problèmes de société par l'Évangile. En revanche, ils seraient plus sensibles à la discipline (rigueur de l'habit clérical, éloignement des filles du service de l'autel, etc.). Ils remettent à l'honneur certaines dévotions que Vatican II avait relativisées au nom de la hiérarchie des vérités de la foi.

Sans vouloir généraliser ce constat, nous souhaitons que soit mis en place un type de formation qui faciliterait le dialogue des futurs prêtres avec le monde auprès duquel ils sont envoyés.

Par ailleurs, nous voulons que notre Église puisse faire face sans tarder à la pénurie des prêtres et il nous semble essentiel que les voies d'appel au ministère de prêtres soient élargies à cet effet. La tradition l'autorise[1].

L'Église devrait se préparer à ordonner des hommes mariés ayant donné des preuves de leur maturité chrétienne. Elle pourrait pour cela prendre appui sur l'importante expérience acquise par l'Église de France dans le rétablissement du diaconat permanent. Dans la plupart des diocèses, des chrétiens y sont appelés sur témoignage de prêtres et de laïcs qui les connaissent. Le discernement des vocations au ministère relève ultimement de l'appel de l'Église, c'est-à-dire de l'évêque appuyé par les fidèles. La vocation est formellement l'appel de l'Église à son service, ce dont témoigne la première parole prononcée dans toute liturgie d'ordination depuis les origines.

L'ouverture à un clergé marié nous semble d'autant plus nécessaire aujourd'hui que dans une foi catholique réfléchie, les critères essentiels pour appeler à l'ordination devraient être les besoins du service de l'Évangile et de la construction de l'Église couplés aux aptitudes humaines et chrétiennes de la personne qu'on se propose d'ordonner. Le fait d'être marié ou célibataire est à évaluer en priorité à cette aune, car le célibat peut faciliter l'exercice spirituel du ministère, mais présenter aussi des handicaps à cet égard.

1. On trouvera en annexe 2 un rappel de cette possibilité.

L'ordination d'hommes mariés constituerait un retour aux premiers temps du christianisme. Il serait fidèle aux conseils de saint Paul écrivant à Timothée, son disciple : « Il faut que l'épiscope[1] soit le mari d'une seule femme… qu'il sache bien gouverner sa propre maison… quelqu'un, en effet, qui ne saurait gouverner sa propre maison, comment pourrait-il prendre soin de la maison de Dieu ? Il faut de plus que ceux du dehors (les non-chrétiens) lui rendent un beau témoignage. »

Ajoutons enfin que, d'ores et déjà, des prêtres catholiques légitimement mariés sont nombreux (plusieurs milliers au Proche-Orient et en Ukraine, quelques dizaines en Occident suite à des décisions de Pie XII d'abord, puis de Benoît XVI, accueillant des prêtres anglicans rejoignant notre Église). Les qualifier de « prêtres de seconde classe », comme l'a fait un cardinal de la curie, est choquant.

Il est donc injustifié de prétendre que revenir aujourd'hui à une discipline sacerdotale qui fut celle de l'Église des Apôtres puisse rompre « un lien ontologico-sacramental entre le sacerdoce et le célibat ». Au delà des conseils de saint Paul, il est important de rappeler que les premiers papes et les anciens évêques étaient mariés à l'époque.

1. L'épiscope exerçait des fonctions dirigeantes dans les premières communautés chrétiennes.

Ce n'est pas l'Église mais l'empereur Justinien qui en 535 rend obligatoire le célibat des seuls évêques avec le but déclaré de sauvegarder les biens de l'Église au service des pauvres, au lieu d'être dispersés par héritage entre leurs enfants[1].

Dès lors, cette raison devint déterminante pour élire des moines (sans famille) comme évêques, ce que l'Église avait commencé à faire avant que la législation impériale ne l'impose. Nous accueillons avec espérance les propositions du synode de l'Amazonie. La rapidité des évolutions démographiques et sociologiques devient telle aujourd'hui que, dans ces vastes régions et dans bien d'autres endroits plus près de nous[2], le ministère de la parole et l'eucharistie et d'autres sacrements se feront bientôt inaccessibles pour beaucoup s'ils continuent de dépendre de la disponibilité d'un clergé soumis aux règles actuelles. Nous pensons

1. Novelle 6 de Justinien. Peut-on prétendre, au surplus, que la continence rituelle qu'observe le clergé marié en Orient et en Occident est un argument pour interdire le mariage des prêtres ? En aucune manière. Bien que respectable, cette discipline n'a pas plus de portée que celle du jeune eucharistique longtemps observée dans la tradition avec la même visée spirituelle et aujourd'hui abandonnée.

2. Ainsi Mgr Jean-Marc Eychenne, évêque de Pamiers, a remarqué que de nombreux éléments de l'exhortation apostolique sur l'Amazonie peuvent s'appliquer presque à la lettre à la situation de son diocèse d'Ariège.

que l'Église ne peut se résigner à une telle situation.

Compte tenu du temps nécessaire pour donner aux fidèles qui partageront les responsabilités actuelles des prêtres la formation nécessaire, nous souhaitons que les décisions d'application du synode de l'Amazonie soient prises sans tarder.

Extrait des conclusions du synode de l'Amazonie

Beaucoup de communautés ecclésiales du territoire amazonien ont d'énormes difficultés pour accéder à l'eucharistie. Parfois, il faut non seulement des mois, mais même plusieurs années avant qu'un prêtre ne puisse retourner dans une communauté pour célébrer l'eucharistie, offrir le sacrement de la réconciliation ou oindre les malades de la communauté. Nous valorisons le célibat comme don de Dieu (cf. *Sacerdotalis Caelibatus* 1) dans la mesure où ce don permet au disciple missionnaire, ordonné prêtre, de se consacrer pleinement au service du peuple saint de Dieu. Celui-ci stimule la charité pastorale et nous prions pour qu'il y ait beaucoup de vocations au sacerdoce dans le célibat. Nous savons que cette discipline « n'est pas exigée par la nature du sacerdoce » (PO 16) bien qu'elle ait de nombreux motifs de convenance avec lui. Dans son encyclique sur le célibat sacerdotal, saint Paul VI a maintenu cette loi et a exposé les motivations théologiques, spirituelles et pastorales qui la soutiennent. En 1992, l'exhortation postsynodale de Jean-Paul II sur la formation sacerdotale a confirmé cette tradition dans l'Église latine (*cf.* PDV 29). Considérant que la diversité légitime ne nuit pas à la communion et à l'unité de l'Église, mais qu'elle la manifeste et la sert (*cf.* LG 13 ; SO 6) qui témoigne de la pluralité des rites et des disciplines existants, nous proposons d'établir des critères et des dispositions de la part de l'autorité compétente, dans le cadre de *Lumen Gentium* 26, pour ordonner prêtres des hommes idoines et reconnus par la communauté, qui ont un diaconat permanent fécond et reçoivent une formation adéquate au presbytérat, pouvant avoir une famille légalement constituée et stable, pour soutenir la vie de la communauté chrétienne par la prédication de la Parole et la célébration des sacrements dans les endroits les plus reculés de la région amazonienne. À cet égard, certains se sont prononcés en faveur d'une approche universelle du sujet[1].

1. Certains commentateurs se sont demandé si l'exhortation apostolique *Querida Amazonia* du pape François, à la suite des débats qui ont suivi les conclusions du synode, ne renvoyait pas les propositions concernant les *viri probati* aux calendes grecques. Ses premiers mots, au paragraphe 2, interdisent cette interprétation : « Je ne développerai pas

Nous nous réjouissons également de la décision du pape François de laisser ouverte la réflexion sur l'ordination diaconale des femmes. Outre ses grands avantages en matière pastorale, une telle ordination contribuerait à faire reculer le cléricalisme et le sexisme au sein de l'Église.

Il est important de ne pas fermer la question de l'accès des femmes aux ministères ordonnés. La Commission biblique pontificale a estimé que le Nouveau Testament ne permettait pas de trancher cette question. En particulier, l'appel par Jésus de douze apôtres était un message adressé aux douze tribus d'Israël divisées. Elles devaient constituer un seul peuple de Dieu unifié et seraient jugées sur l'accueil réservé à sa Parole. Y inclure des femmes aurait rendu ce message inintelligible, sans compter qu'à l'époque, on ne dénombrait pas les femmes dans l'évaluation d'une foule (Mt 14,21 « sans compter les femmes et les enfants » lors de la multiplication des pains).

Les réalités sociales d'aujourd'hui sont bien différentes de celles du premier siècle, au moins en Occident. Motiver l'impossibilité d'ordonner les

---

toutes les questions abondamment exposées dans le document de conclusion. Je ne prétends ni le remplacer ni le répéter. » On peut donc penser que le Saint-Père, dans une approche pleinement synodale, laissera l'épiscopat d'Amazonie prendre ses initiatives lui-même.

chrétiennes par une référence à Jésus, au demeurant introuvable, fera plus que confirmer les préjugés communément attribués à l'Église catholique attachée au patriarcat, voire quelque peu misogyne, malgré la place que tient Marie dans sa piété. Cela risque de nuire à la crédibilité même de l'Évangile dans notre contexte.

Un certain nombre de femmes d'aujourd'hui, qui sont les égales des hommes par le baptême et déjà leurs égales dans la société au moins en droit, pourraient se voir conférer des ministères et au moins le diaconat dès maintenant. Mais on peut prévoir que leur appel au presbytérat se heurtera à de sérieuses résistances. Cela ne saurait être une raison de ne pas étudier cette suggestion[1].

La femme n'est-elle pas l'égale de l'homme dans le baptême ?

Dans l'immédiat et sans plus attendre, un diaconat des femmes, identique au diaconat des hommes, ferait avancer l'égalité des femmes dans le service de l'Église.

---

1. L'annexe 4 d'Hervé Legrand tente de faire le point sur le statut des femmes dans la théologie catholique.

Chapitre 2

Vers une vision réaliste de la vie affective et de la sexualité : une requête

Dans la crise actuelle, l'attention se concentre sur la sexualité déviante de certains membres du clergé. On souligne la contradiction entre la conduite de ces clercs et l'enseignement officiel de l'Église. Or, les déviations observées ne peuvent pas se résumer à l'addition de perversions individuelles. Elles prennent aussi racine dans une approche de la vie sexuelle qui cultive la méfiance à son égard ; on s'est attaché à la contrôler très strictement, plutôt que d'y voir un don de Dieu aux hommes et aux femmes pour leur épanouissement dans leur amour et leur soutien mutuel. Un tel climat éloigne bien des jeunes de la pratique religieuse. Il pèse sur ceux qui se préparent au mariage. Il affecte probablement aussi les futurs prêtres dans le développement de leur maturation affective.

La morale sexuelle édictée encore aujourd'hui par le magistère catholique se caractérise en effet par sa grande rigueur. Elle n'admet le plaisir sexuel que dans le cas d'époux légitimement et indissolublement unis. Il est enseigné que « tout acte conjugal doit rester ouvert à la transmission de la vie ». En dehors du mariage, tout plaisir sexuel, voulu ou consenti, constitue un péché grave, sauf en l'absence de plein consentement ou de pleine connaissance.

La norme en la matière conduit ainsi à qualifier comme un péché le recours à la contraception et à la cohabitation juvénile. La suspicion à l'égard de la sexualité touche toutes les formes de la vie de couple. Ainsi, jusqu'à présent :

- les chrétiens divorcés et remariés ne peuvent communier, à moins de vivre comme frère et sœur ;
- les hommes mariés ne peuvent pas être ordonnés prêtres, à moins que leur épouse ne se retire dans un monastère ;
- les diacres devenus veufs ne peuvent pas se remarier. Les prêtres, les religieux ou les religieuses qui se marieraient seraient automatiquement privés de leur ministère.

De telles prescriptions s'accompagnent certainement de bien des accommodements plus ou moins reconnus. Elles créent un climat de culpabilité latente. Tout ceci reflète surtout un problème structurel artificiellement créé. Est-il anthropologiquement pertinent de réduire, de fait, la sexualité à sa seule fonction reproductrice ? Est-il juste, quand le Christ a si peu parlé de la sexualité, de dresser un catalogue si minutieux de dispositions qui expriment une méfiance vis-à-vis de la vie affective dans sa dimension charnelle ? Ne trouve-t-on pas là des exemples de ces fardeaux trop lourds contre lesquels le Christ nous a mis en garde ?

Cette rigueur doctrinale a des conséquences sociétales lourdes qui dépassent le simple vécu des familles. Elles pèsent sur leurs décisions, en conscience, concernant le nombre d'enfants qu'elles peuvent élever et sur les moyens à mettre en œuvre pour cela.

L'interdiction de tout recours à la contraception est-elle d'ailleurs compatible avec la lutte contre l'avortement ? En condamnant le préservatif, ne complique-t-on pas la tâche des autorités publiques qui luttent contre la propagation du sida et la surpopulation de pays pauvres ?

Alors que pèse sur notre Église l'image d'une institution défendant contre vents et marées une vision mal informée de la sexualité, abordée trop souvent en termes d'interdits, voici heureusement que sous l'impulsion du pape François et à la suite d'un véritable travail synodal, l'exhortation apostolique *Amoris lætitia* du 19 mars 2018 aborde ces questions de façon pertinente. Les membres des synodes qui l'ont préparée ont soutenu une anthropologie plus juste que celle à laquelle les discours de l'Église s'étaient tenus jusqu'ici. Là où l'on ne discernait que rappel d'interdits, les dons du mariage et de la famille sont valorisés ; là où la culpabilité aurait pu prévaloir, la miséricorde est exercée ; là où des situations dites « irrégulières » aboutissaient à des mises à l'écart, il est d'abord question de recherche de proximité et d'accompagnement.

Quant à l'homosexualité, nous observons que l'Église – en dépit de réticences ici ou là – adopte une attitude d'ouverture à l'égard des personnes qui la vivent. Jésus ne dit rien de l'homosexualité. Il souligne seulement que l'union bénie par Dieu est celle d'un homme et d'une femme. Il condamne comme péché toute marque de mépris, de stigmatisation ou de rejet contre qui que ce soit.

Présentant cette vision chrétienne de la sexualité et son enracinement profond dans l'Écriture, le pape François exprime sans ambages ses regrets :

« Notre manière de présenter les convictions chrétiennes et la manière de traiter les personnes a contribué à provoquer ce dont nous nous plaignons aujourd'hui. » Il y a donc urgence à changer un discours de devoirs et d'exigences, reflétant un idéal considéré par beaucoup comme difficile à atteindre, et à y substituer l'invitation à découvrir la richesse de la sexualité et de la fécondité conjugales.

L'adoption d'*Amoris lætitia* aurait dû être accueillie avec joie et reconnaissance par une multitude de couples chrétiens. Si sa publication n'est pas passée inaperçue, sa mise en œuvre reste pour l'essentiel à concrétiser. C'est donc à partir de notre conscience de baptisés et au miroir de l'Évangile que nous demandons que cet enseignement soit répandu. C'est une tâche essentielle d'y travailler.

Autour du mariage[1]

Une attitude chrétienne plus juste en matière de sexualité devrait se refléter dans la catéchèse

1. Une sexualité heureuse et responsable : dans leur livre *Notre foi dans ce siècle* (2002), Michel Albert, Jean Boissonnat et Michel Camdessus proposaient de réconcilier morale sexuelle et spiritualité à partir de l'analyse suivante : l'Église catholique ne pourra conserver longtemps son langage actuel… parce qu'il est miné par une profonde contradiction. On ne peut à la fois condamner l'avortement et récuser la pilule. La première porte atteinte à une vie déjà conçue ; la seconde offre au couple le moyen d'en réguler la conception… Or l'Église elle-même a proclamé lors de

des jeunes préparant leur mariage. Il devrait être présenté – par des laïcs mariés, bien formés – comme une vocation profondément chrétienne dans laquelle l'amour se vit avec tendresse et respect.

Les jeunes vivent maintenant fréquemment en couple. Les relations sexuelles de plus en plus précoces impliquent le recours à la contraception pour éviter des grossesses prématurées et non souhaitées[1]. Elles appellent aussi pour eux un itinéraire spirituel que l'Église gagnerait à leur offrir, peut-être même une bénédiction prénuptiale, après discernement, comme cela se pratique dans certaines paroisses, dans l'attente d'une célébration ultérieure du sacrement. Ceci en lieu et

---

Vatican II : d'abord que la finalité du couple était double, la procréation et le bonheur des époux ; ensuite que le couple devait pratiquer une maternité et une paternité responsables. Si la science moderne met à la disposition des époux des moyens d'organiser cette responsabilité, c'est à ces derniers d'en décider en conscience, après s'être informés (p. 179).

1. Ces grossesses auraient en effet pour conséquence le risque de mariage mal préparé ou, en cas de rupture, d'avortements qui, dans l'affolement, paraîtraient inévitables. Pour une jeune femme, poursuivre seule l'attente d'un enfant est possible mais souvent difficile. Il existe des institutions spécialisées dans l'hébergement des jeunes femmes enceintes pour les aider à préparer la naissance de leur enfant et si nécessaire son adoption. Elles méritent d'être reconnues et encouragées.

place du refus de prendre en compte ce nouveau régime de la conjugalité, désormais très fréquent.

Les procédures allégées de déclaration de nullité des mariages déjà demandées par le pape François devraient être mises en œuvre. Il devrait en être de même des conclusions des synodes sur la famille, ouvrant la voie à l'admission à l'eucharistie des divorcés remariés, après une réflexion commune et un entretien approfondi avec un responsable pastoral.

Chapitre 3

Répondre aux attentes des jeunes

Les deux chapitres précédents nous ont fourni l'occasion d'essayer de dire les réponses que nous souhaitons voir apportées par l'Église à deux de ses problèmes majeurs : son cléricalisme – qui est aussi le nôtre – et l'inadéquation de son approche de l'affectivité et de la sexualité. Comme ses fidèles, pères et mères de famille, elle vit aussi une recherche inquiète de réponses aux attentes des jeunes qui ont, très généralement, abandonné la pratique religieuse. C'est pour elle un souci majeur. Le succès des Journées mondiales de la jeunesse (JMJ) et, ici ou là, celui des mouvements charismatiques ont porté des fruits, mais pour l'essentiel, le problème demeure.

Son origine est complexe. On en trouve des éléments dans les années 1960 : traces durables du climat libertaire et hédoniste transmis aux générations suivantes par celle de 1968, amertume des couples chrétiens blessés par la condamnation romaine des pratiques anticonceptionnelles. Plus proche d'eux, tout un environnement intellectuel et spirituel fait de remises en cause successives : celles des « philosophes du soupçon », du structuralisme, etc. À l'heure de l'adolescence où les jeunes devraient commencer un cheminement vers une foi adulte, ils n'ont entendu autour d'eux qu'appels à la déconstruction en tout domaine, dans un contexte de défiance des énoncés religieux. Le silence de la génération qui les précède, elle-même ébranlée dans ses certitudes, gagnée par le doute et cédant à l'air du temps, n'a pu leur être d'un grand secours.

Dans ces conditions, il n'est pas étonnant qu'ils se disent très souvent agnostiques et s'éloignent de l'Église. Ils ne constituent pas pour autant une génération perdue. Ils ont des aspirations spirituelles qui attendent des réponses. Ils sont très attentifs à ce que vit leur entourage et aux témoignages de foi. Une rencontre authentique avec quelqu'un dont la façon de vivre les interpelle, dont ils admirent la liberté personnelle, et dont ils se sentent aimés leur permet de poser leurs questions et de faire part de leurs doutes. On se souvient ici du mot de Rainer Maria Rilke : « Il s'habitue à une place dans ton cœur et commence à être. »

Ils ne cachent rien de leur distance par rapport à l'Église et à ses rites ; ils disent, en revanche, ce qu'ils sont eux-mêmes, leur recherche de sens, leurs inquiétudes et leurs rêves.

*

* *

Qui sont, d'abord, ces jeunes que nous aimons rencontrer et écouter avec attention ? Nous ne partageons pas les préjugés courants qui font d'eux des esclaves de leur portable qui ferait corps avec eux… Ils sont décrits parfois comme enfermés dans leur bulle ou s'y réfugiant face aux crises ou aux menaces d'un monde qui sacrifie l'écologie à l'économie où la mort rôde partout, portée par les épidémies ou les menaces terroristes. Ne nous y trompons pas : ils habitent le monde beaucoup plus que nous ne l'avons fait nous-mêmes à leur âge. Ils s'en sentent citoyens et sont prêts à s'enflammer contre des actes d'injustice ou de violence à nos antipodes. Ils valorisent la vie, son sens et ses défis, la tolérance, les groupes d'amis, la vie familiale, le développement personnel.

Comme le montrent les enquêtes sociologiques sur les générations Y (26-36 ans) et Z (16-26 ans), 45 % d'entre eux adhèrent à une association et près de 60 % ont des relations d'entraide avec leurs voisins ou s'engagent pour le soutien aux plus défavorisés (Elizabeth Soulié, *Génération Z*). Ils sont aussi la première génération qui a compris que l'important n'était pas de travailler pour les plus défavorisés mais de travailler avec eux.

Ce dernier trait nous amène à de vrais échanges. Ils veulent comprendre comment réconcilier des choix qu'ils partagent et ce qu'ils croient ringards dans notre religion. À nous de leur dire « ce qui nous fait courir » : le spécifique chrétien, le sens d'une vie fondée sur la relation à un Dieu qui donne à chacun une place unique dans Son Amour, la charité de l'hymne de saint Paul aux Corinthiens, les capacités de pardon et même l'amour des ennemis, l'humilité. Un Dieu qui fait à ce point confiance à l'homme qu'Il lui propose la charte des Béatitudes, à l'opposé des valeurs du monde.

C'est le cœur du christianisme. Il peut rencontrer leur recherche du sens de la vie et leur choix existentiel du vivre-ensemble.

Sur les sources chrétiennes du sens de la vie

Le christianisme répond à la quête de sens de la vie :

- Il reconnaît le prix inestimable de toute vie. Saint Augustin dit à Dieu : « Vivante sera ma vie, toute pleine de toi. »
- La vie du chrétien est une aventure : « La vie est défi, relève-le ! » (Mère Teresa). La foi conduit à voir dans des événements des défis à notre liberté sollicitée par Dieu pour la réalisation de son œuvre dans le monde et en nous.

– Dans l'Évangile, nos actes sont non seulement gouvernés par notre conscience morale, mais ils sont aussi la joie ou la souffrance de Dieu qui les vit en nous, avec nous. Cette joie ou cette souffrance dépendent directement de notre accueil des plus déshérités. Le royaume de Dieu commence là où le pauvre est honoré. Ainsi, tout acte d'amour nous ouvre l'éternité. « Ce que vous avez fait aux plus petits de mes frères, c'est à moi que vous l'avez fait » (Mt 25), dira Jésus en accueillant ceux qui ne l'ont pas connu durant leur vie.
– Mais surtout le fait pour les chrétiens « d'être une éternité en devenir » (Gustave Thibon) l'emporte sur l'inanité de la mort.

Ils sont prêts à comprendre que, pour rendre possible et durable la vie en groupe à laquelle ils tiennent, chacun doit s'attacher, pour prévenir les conflits, à faire siennes cette charité invincible et cette humilité vraie.

Vie professionnelle

Dans leur vie au travail, les jeunes valorisent la convivialité et la responsabilité sociale et environnementale. « L'écologie intégrale » dans laquelle ils associent le sauvetage de la nature et une assistance aux exclus peut constituer un cheminement vers une « civilisation de l'amour ». Nous en reparlerons dans la seconde partie de ce livre consacrée à la fraternité chrétienne.

Le christianisme source de guérison de jeunes en détresse

La Foi aide à se libérer des addictions comme y ont recours les Alcooliques anonymes, DASA pour la pornographie, Cénacolo pour la drogue.

L'Espérance chrétienne sauve du désespoir : elle est souvent demandée aux « visiteurs de solitudes » et lors des appels téléphoniques des suicidaires…

Le pouvoir chrétien de pardonner surmonte la haine qui monte naturellement en nous après les offenses. Il permet aussi à l'Église, par le sacrement de réconciliation, d'alléger notre inconscient du poids des culpabilités et de repartir à neuf. Le pape François a vu juste là aussi en décrétant « l'année de la miséricorde ».

Pour ceux qui vivent ou traversent l'épreuve du divorce, l'Église ne les exclut plus mais a commencé depuis quelques années à leur proposer un accompagnement les aidant à se reconstruire.

Conclusion

Des expériences de dialogue avec les jeunes – dont nous savons combien il serait imprudent de les généraliser – nous tirons quelques leçons pour notre gouverne et pour celle de l'Église :

- Une très grande confiance dans la qualité humaine et déjà préchrétienne de ces jeunes.
- L'utilité du partage avec eux de leurs doutes et des nôtres, mais aussi leur tolérance pour certains choix de vie faits en conscience et en pleine liberté. Nous pensons avec eux qu'un mode de vie, en particulier sexuel, ne peut être imposé. Jésus Christ durant sa vie a voulu la liberté de chacun et de chacune. Il est venu, non pour les justes, mais pour les pécheurs et *celui à qui on pardonne plus aime davantage*… Rappelons l'extraordinaire dialogue de Jésus avec la Samaritaine qui a eu cinq maris ! Nous rejoignons ainsi la réponse du pape François interrogé sur la licéité d'un état de vie : « Qui suis-je pour juger ? »
- L'utilité d'expliquer que ce qui apparaît comme exigence autoritaire de l'Église est une proposition de garde-fous pour guider un cheminement de vie, toujours soumis à notre conscience

personnelle. Elle-même doit s'affiner tout au long de nos vies avec l'aide de l'Esprit saint.

– Le devoir de surmonter un excès de discrétion et de pudeur sur ce qui est le plus précieux de nos vies : l'amour que nous vivons et l'amitié d'un Dieu qui est élan et plénitude d'amour. Le doute habite les jeunes sur la durabilité des amours humaines. La vérité est qu'elles ne se réduisent pas à une ardeur passagère risquant de s'éteindre avec la monotonie des jours. L'amour – surtout lorsqu'il est vécu dans la foi – se construit et peut s'approfondir à travers les événements de la vie, se renouvelant au fil des ans dans la compréhension mutuelle et une joyeuse tendresse. Enfin, dire l'amitié de Dieu vécue dans la familiarité de Jésus et de son Évangile, et l'habitude d'un dialogue tout simple avec Lui et Son Père, ce que l'on nomme la prière. Avec ou sans mots, elle peut être de tous les instants, sans se substituer en aucune manière à notre propre dialogue avec tous nos frères, mais en l'enrichissant. »

Face à la question de la réforme de l'Église, l'ouverture d'un chantier de rénovation liturgique pour mieux l'adapter à leur mentalité serait une réponse très souhaitable. L'eucharistie communique l'amour du Christ. Les jeunes la vivent d'autant mieux qu'ils prennent dans sa célébration une place spécifique et engagée.

– Donner, enfin et surtout, à ces jeunes la certitude confiante qu'ils sauront construire un monde meilleur et plus fraternel, et une Église plus sainte. Ils en sont l'avenir.

*

* *

Nous venons d'évoquer un monde plus fraternel, la nouvelle encyclique *Fratelli tutti* pourrait être lue comme un message enthousiasmant à ces jeunes, au seuil de leur vie professionnelle.

Partie II

POUR UNE TRANSFORMATION FRATERNELLE DU MONDE

Chapitre 1

Fratelli tutti dans l'histoire récente de l'Église

La lecture simultanée de *Fratelli tutti* et de la *Lettre au peuple de Dieu* dévoile la profonde cohérence du magistère du pape François. Il accorde une attention profonde à la fraternité de tous les chrétiens. Par là, il se situe en continuité avec l'apport essentiel de Vatican II. Ce Concile a voulu réformer l'Église en remettant sa structure d'aplomb. Pour cela, il a voulu que le collège des évêques participe au gouvernement de l'Église dans une concertation fraternelle (ce qu'on a appelé la collégialité). Il a voulu en même temps que le peuple de Dieu participe activement à la vie des paroisses et des diocèses en mettant en place une série de conseils permettant à la fraternité des chrétiens de s'exprimer en tant que telle (ce qu'on appelle la synodalité).

Une telle transformation requiert du temps et de la continuité. Pour qu'elle réussisse, revitaliser la fraternité chrétienne est essentiel à la fois pour venir à bout du cléricalisme et pour que les chrétiens jouent, dans nos sociétés, le rôle qui est attendu d'eux selon l'Évangile : être disponibles aux besoins des autres, personnellement, et collectivement aussi, car l'Église catholique a nécessairement des responsabilités dans ce monde dont elle rassemble presque 20 % de la population.

Ce n'est pas le lieu de reconstruire ici, même brièvement, comment on a progressé dans la redécouverte de la collégialité, de la synodalité, puis de la fraternité. Il suffit de s'en tenir au résultat : le premier pas a été l'accent mis sur la concertation fraternelle des évêques dans le gouvernement de l'Église, ce qui peut leur demander de mesurer éventuellement l'expression de leurs options personnelles. On a ainsi renoué avec la doctrine traditionnelle pour laquelle « l'Église catholique une et unique naît dans et à partir des Églises locales » (*Lumen Gentium* 23). Ces dernières ne sont donc ni des « départements » ni des « succursales » de l'Église universelle, pilotées uniformément à partir d'un centre doté de tous les pouvoirs. Chacune d'elles est pleinement Église, sans être toute l'Église. Communiant à la même eucharistie, professant la même foi apostolique, elles sont des sujets de droit[1] et d'initiative pouvant prendre,

1. « Le développement d'Églises-sujets, une requête de Vatican II. Fondements théologiques et réflexions

en conciles généraux ou locaux, les décisions de leur ressort. Ainsi on met un terme à une centralisation paralysante[1] ; et elles sont également fondées à s'interpeller sur leur vie chrétienne respective, prévenant ainsi de possibles phénomènes de nationalisation de la religion.

En second lieu, Vatican II a amorcé un même mouvement au sein des diocèses et des paroisses, en mettant en place des instances permettant aux fidèles d'exercer leurs responsabilités liturgiques et apostoliques. Énumérons ces créations : ce sont les conseils pastoraux, les conseils économiques, les conseils de laïcs, le conseil des prêtres. Simultanément, il a encouragé la reprise des synodes diocésains, désormais composés d'une majorité de laïcs, femmes et hommes. Bref, après un débat bien moins ample que celui consacré à la collégialité, le Concile a donné un premier élan à ce qu'on appelle la synodalité. Tout comme les Églises locales doivent être considérées

---

institutionnelles », in *Les Églises après Vatican II. Dynamique et prospective* (Théologie historique 61, Paris, Éditions Beauchesne, 1981, p. 149-184).

1. On n'en donnera qu'un seul exemple : jusqu'en 1963, un évêque catholique ne pouvait pas permettre à un curé de célébrer la messe deux fois le dimanche. Pour le faire, il avait besoin d'une dispense papale à renouveler au bout de cinq ans, dans le contexte de ce qu'on appelait « les facultés quinquennales ».

comme sujets de droit, les fidèles sont sujets de droit dans leur Église. Ils y sont citoyens et encouragés à l'être[1].

Avec *Fratelli tutti*, une nouvelle étape est franchie. La fraternité constitue le fondement de « la transformation de l'Église » à laquelle invite le pape François. Certes, collégialité et synodalité sont des expressions de la communion chrétienne[2] ; elles se fondent dans la fraternité fondamentale que constitue la communion de tous les baptisés. Aussi, c'est par elle qu'on commencera l'examen un peu plus approfondi de ce qui est la base de l'ensemble.

Transformer l'Église n'est pas seulement transformer l'institution, en la rendant plus collégiale et synodale, et en faisant en sorte que les clercs associent les autres chrétiens à sa gouvernance. C'est aussi faire en sorte que le peuple des chrétiens qui la constitue se transforme et vive l'Évangile.

Nous pressentons bien que, pour chacun, vivre l'Évangile ne peut se limiter à faire l'aumône,

---

1. Cf. *Lumen Gentium* 37 : « dans la mesure de leurs connaissances, de leur compétence et de leur rang ils ont le droit et parfois le devoir de manifester leur sentiment en ce qui concerne le bien de l'Église avec sincérité et courage ».

2. Vatican II mentionne ce terme cent douze fois, les conciles de Trente et de Vatican I ne l'utilisaient pas.

donner un peu de son temps, offrir l'hospitalité sans remettre en cause sa manière de vivre, son attachement aux biens qu'il possède et au cercle des personnes qu'il a l'habitude de fréquenter. Nous avons en mémoire l'invitation de Jésus au jeune homme riche « Va, vends tes biens, distribue l'argent aux pauvres et suis-moi », l'affirmation que le plus grand des commandements est « Tu aimeras ton prochain comme toi-même » et la désignation comme prochain de tout homme qui a besoin de secours, qu'il soit un proche ou un étranger inconnu. Tous frères.

Pour les chrétiens, ces deux transformations, celle de l'organisation actuelle de l'Église et celle des chrétiens, sont complémentaires. Si l'une ou l'autre venait à s'étioler, l'autre dépérirait à son tour. L'Église, clercs et laïcs confondus, manquerait à sa mission de répandre la vie dans un monde où les évolutions régressives vers l'individualisme, le « chacun pour soi » ne cesseraient de s'accentuer. Faute d'être inversées, ces tendances peuvent conduire de crise en crise à des déchaînements d'inimitié et, comme l'histoire du XXe siècle nous l'a appris, « au mal absolu ». « Pour l'éviter, il n'est d'autre réponse que la fraternité. » Ces mots si profondément vrais sont d'André Malraux. La Déclaration universelle des droits de l'homme de décembre 1948, en son article 1, n'assigne qu'un seul devoir à tous les êtres humains qui naissent libres et égaux en dignité et en droits : « Agir envers les autres dans un esprit de fraternité. »

Il s'agit, pour arracher le monde à ses dérives et aux menaces qui s'accumulent, d'appeler au devoir de fraternité tous les hommes, croyants et non-croyants. En 2015, *Laudato Si* faisait référence aux travaux du patriarche œcuménique Bartholomée concernant la protection de la nature ; en février 2019, le pape François partageait avec le grand imam Ahmad Al-Tayeb son appel à « la fraternité et à l'amitié sociale ». Avec *Fratelli tutti*, il prend une initiative interreligieuse sans précédent : il associe tous les grands responsables religieux qu'il a consultés pour adresser au monde un message au nom de toutes les religions sans prétendre à un quelconque leadership.

Fratelli tutti, cette merveilleuse et rude encyclique, dit, de façon exigeante, ce qu'être un « homme de bonne volonté » au XXIe siècle devrait vouloir dire. Nous ne pouvons que la méditer et inviter chacun à le faire, avec l'espoir que chacun y trouvera les voies de sa propre conversion. Cependant une société est plus que la somme des hommes et des femmes qui la composent et les conversions individuelles ne suffiront pas à ce que la société nationale et encore moins mondiale devienne fraternelle. *Fratelli tutti* demande aussi que les institutions se transforment et que les systèmes, les lois, les règles et les pratiques évoluent et que chacun contribue à sa façon à ce que les responsables l'entendent. Nous y reviendrons au chapitre suivant.

Auparavant nous voulons souligner les principes d'action auxquels l'encyclique se réfère à plusieurs reprises :

- Toute initiative gagnera à « commencer par le bas, [...] le plus concret, le plus local ». Elle devrait toujours être conçue et menée avec la participation ou l'avis de ceux qui sont les premiers concernés et, souvent, les plus défavorisés. Il ne s'agit pas tant de respecter le principe de subsidiarité que de reconnaître que ces derniers sont bien placés pour dire leurs préoccupations et leurs souhaits, et pour reconnaître leurs expériences et des savoir-faire qui valent d'être utilisés.
- « La réalité est plus importante que l'idée ». Ce principe auquel aime se référer le pape François explique que *Fratelli tutti* n'élabore pas de profondes théories, mais questionne plutôt les réponses que nous apportons aux problèmes actuels et s'en tient à proposer des gestes concrets pour que « le bien soit commun ».
- Ne pas perdre l'espoir car « Dieu continue à répandre des semences de bien » dans l'humanité. François valorise l'héroïsme dont font

preuve tant de travailleurs modestes pour faire leur devoir en toute circonstance, et incite les hommes et les femmes à prendre toute leur part dans la construction d'un « monde plus juste et uni », et à, « tous ensemble, faire renaître un désir universel d'humanité ».

Dans le chapitre suivant nous explorerons comment faire germer ces semences de bien semées dans le monde.

Chapitre 2

Faire germer les « semences de bien répandues dans le monde »

L'enseignement que Jésus nous a laissé sur la fraternité est assez différent de la fraternité universelle de la philosophie des Lumières. Il comporte deux volets, l'un vise la fraternité entre chrétiens et l'autre la fraternité des chrétiens avec tous les hommes. On en traitera successivement.

La fraternité entre chrétiens selon le Nouveau Testament

La fraternité qui réunit les disciples du Christ est bien plus qu'une fraternité de coreligionnaires. Jésus l'a lui-même décrite avec force et clarté. Il proclame que ses disciples, qui font la volonté de Dieu, sont ses propres frères. Quand on lui apprend que sa parenté est là, qui veut s'emparer de lui, car elle le considère « hors de sens »

(Mc 3,21), il répond : « Qui est ma mère, et qui sont mes frères ? Quiconque fait la volonté de Dieu, celui-là est pour moi frère, sœur et mère » (Mc 3,31-35). Ce qui veut dire que ses disciples ont avec lui une relation de frère à frère, d'une autre nature bien différente de la fraternité de sang et bien supérieure à elle, car elle vaut de grands sacrifices[1], voire même de souffrir persécution : « Je vous le dis, nul n'aura quitté maisons [signifiant ici famille], frères, sœurs, mères, pères à cause de moi et de la Bonne Nouvelle, [...] qu'il ne [les] reçoive en retour au centuple, avec en plus des persécutions » (Mt 10,29-31).

Dans la ligne de cette fraternité singulière, Jésus attend de ses disciples qu'ils se comportent tous, entre eux, comme des frères : « Pour vous, ne vous faites pas appeler Rabbi, car vous n'avez qu'un seul Maître et vous êtes tous frères » (Mt 23,8). Saint Paul ne commentera pas cet interdit, mais il saura expliciter avec profondeur l'enracinement en Christ de la fraternité qui relie les chrétiens. Il explique aux Galates : « Vous tous qui avez été baptisés dans le Christ, vous avez revêtu le Christ. Il n'y a plus ni juif, ni grec ; il n'y a plus ni

1. Celui que Jésus appelle à sa suite ne doit pas prendre congé de son père (Lc 9,61), ni même enterrer son père mort (Mt 8,21-22 ; Lc 9,59-60). Quelle religion serait moins patriarcale ?

esclave, ni homme libre ; il n'y a plus ni homme ni femme ; car tous vous ne faites qu'un dans le Christ Jésus » (Ga 3,27-28). De manière analogue, il écrit aux Colossiens : « Vous avez revêtu l'Homme nouveau... Là, il n'est plus question de Grec ou de Juif, de circoncision ou d'incirconcision, de barbare, de Scythe, d'esclave, d'homme libre, il n'y a que le Christ qui est tout en tous » (Col 3, 10-11).

On comprend ainsi que la fraternité chrétienne crée une égalité de droits entre des personnes et des groupes divers, au-delà des frontières que crée et même nécessite tout héritage historique et toute organisation sociale. On relève même, au passage, que ces textes situent expressément la sœur et le frère à égalité à la différence des autres systèmes religieux de l'Antiquité, et même de toutes les autres religions[1].

En relisant Mt 23,8-11 (« N'appelez personne ni père, ni maître, ni docteur »), on se rend compte que le langage chrétien et notamment les titulatures ecclésiastiques témoignent d'un climat assez éloigné de la fraternité[2]. Sans doute

1. On connaît, en effet, le statut des veuves dans l'hindouisme, l'absolue soumission aux moines des nonnes bouddhistes, et celui des musulmanes selon la charia.

2. On peut trouver facilement des références à tel Révérendissime Père, docteur et maître en théologie.

serait-il convenable de retrouver plus de simplicité. Plus que les mots, ce sont les choses qui sont en jeu comme, par exemple, les ordinations d'évêques qui n'auront jamais de diocèse pour des raisons protocolaires et donc mondaines. On ne peut également que rejoindre la protestation de Benoît XVI contre l'usage si courant de l'expression « père spirituel[1] ». Enfin, la décision du pape François de quitter le palais apostolique est un geste symbolique très important.

Pendant des siècles, l'Église a eu pour nom propre la « fraternité[2] », ce qui constitue une stimulation dans le refus du cléricalisme. Mais cette fraternité ne représente pas un égalitarisme

---

Protocolairement les évêques des pays latins restent des Seigneurs et des Excellences et bien qu'on puisse, depuis Paul VI, appeler « Monsieur » les cardinaux, ils restent néanmoins des Éminences Révérendissimes. À ce sujet Benoît XVI-Joseph Ratzinger écrit que « toutes les formes extérieures du système hiérarchique, telles qu'elles se sont constituées au cours des siècles, devront toujours être jugées à la lumière de Mt 23 », cf. *Frères dans le Christ*, Paris, Éditions du Cerf, 2005, p. 77.

1. Cf. *ibid.*, p. 75-76. De fait ce nom a probablement facilité la couverture de certains abus.

2. Sur ce point, le livre de J. Ratzinger déjà cité, *Frères dans le Christ* (1re édition, 1960), offre une synthèse stimulante. M. Dujarier, *Église-Fraternité*, aux mêmes éditions, en deux tomes, 2013 et 2016, a rassemblé, en 1 360 pages, ce que l'on sait du sujet pendant les cinq premiers siècles.

abstrait : il y a eu dès les origines diversité de dons et de ministères. Tous se voulaient frères, ce qui n'excluait ni les conflits ni les controverses, ni ne nivelait les statuts sociaux : Philémon est le frère de son maître, mais il reste esclave.

La fraternité entre les chrétiens et les non-chrétiens selon le Nouveau Testament

La fraternité en Christ se situe à une profondeur tout autre que celle prônée par la devise républicaine. Cette profondeur aurait pu conduire la communauté chrétienne à un repli sur elle-même, de façon plus ou moins sectaire.

En fait, Jésus exige de ses disciples de se rendre disponibles à tous leurs frères humains dans le besoin. C'est là une très haute exigence puisque dans la description détaillée du Jugement en Mt 25,31-46, Jésus s'identifie en personne aux affamés, aux étrangers, aux malades, aux prisonniers, aux affamés. En vérité, dit Jésus, dans la mesure où vous n'avez pas fait [le bien requis] à l'un « de ces plus petits, à moi non plus vous ne l'avez pas fait ».

Tel est le fondement de la fraternité active des chrétiens envers les non-chrétiens, qui fera qu'ils hériteront ou non du Royaume des cieux

(Mt 25,34). La parabole du bon Samaritain permet de ne pas se tromper sur qui est mon prochain. Toutefois, on ne peut pas tirer une politique de ces paroles très fortes de Jésus. Par exemple, ce que Paul conclut de la fraternité des chrétiens en Christ, « il n'y a plus ni juif ni grec, ni esclave ni homme libre, ni homme ni femme » (Ga 3,26) s'impose comme égalité au sein de l'Église, mais n'abolit pas les différences qui résultent nécessairement de toute organisation sociale et hiérarchique ou encore d'un héritage historique. Ce qui est demandé impérativement de tout chrétien, et de toute communauté chrétienne, c'est de ne pas tourner le dos à ceux qui sont dans le besoin, personnellement et même collectivement. Ce sera affaire de discernement. Comment favoriser ce discernement personnel et collectif ? C'est une tâche d'Église.

Que faire ? Quelques pistes

Professionnels de la vie des entreprises ou des organisations internationales, nous l'avons bien compris : c'est sur le « Que faire ? » que François nous interroge devant le sombre tableau sur lequel il ouvre cette encyclique. Ce tableau est vrai, mais il ne doit pas nous décourager. Le pape nous appelle à l'espérance en attirant notre attention sur les « promesses de bien répandues dans le monde ». Ces semences se trouvent dans les progrès à mettre au service du bien commun, dans la sensibilité des jeunes générations aux richesses de la planète qu'il faut protéger et partager, dans ces organisations de la société civile qui maintiennent le dialogue entre groupes d'opinions opposées, entre communautés quelles que soient leur culture ou leur religion, entre pays aux intérêts divergents, dans bien d'autres initiatives, enfin, qu'il nous faut apprendre à discerner. Aux hommes de bonne volonté de faire germer ces semences.

Au moment où il s'agit, comme le suggère *Laudato Si*, de parier sur un autre style de vie et où, comme le dit *Fratelli tutti*, de « changer le système » et pas simplement de « l'améliorer », ne bannissons pas l'utopie, tout en nous préservant des illusions. Explorons des « utopies à réalisations vérifiables », comme le suggéraient en 2002 trois membres fondateurs de notre groupe, Michel Albert, Jean Boissonnat et Michel Camdessus. Que chacun s'interroge sur tout ce qui, autour de lui, pourrait être changé afin de donner plus de chances à ceux qui en sont privés même au risque de « briser la logique paresseuse de l'histoire » pour reprendre les mots du cardinal Etchegaray.

Les utopies à réalisations vérifiables

Utopies : parce qu'il faut accepter de risquer du neuf, hors des chemins balisés et des compromis faciles mais sans substance ; en recherchant ensemble, à partir de notre connaissance du terrain, des batailles déjà livrées, voire perdues, où peut se trouver un passage, un possible à découvrir avec d'autres et à poursuivre jour après jour. Utopie déjà que cette certitude, en nous, qu'il existe des chemins à défricher, en sachant que l'effort sera long, qu'il y aura des murmures dans les rangs et des défections, que l'assurance du succès ne sera jamais acquise, qu'il faudra peut-être en rabattre sur l'ambition ou les délais escomptés, mais jamais sur l'objectif de solidarité et de fraternité, contribuant ainsi, un tant soit peu, à réenchanter le monde.

Réalisation vérifiable : parce que nous ne voulons pas vendre du rêve. Nous serons donc moins ambitieux que nous aimerions l'être. Nous voulons être certains que nos propositions peuvent et, en fait, devraient être adoptées par des gouvernements soucieux de l'intérêt à long terme de leurs pays. Nous formulerons des initiatives qui puissent être lancées sans délai. Nous chercherons à gagner l'adhésion non d'une communauté d'hommes d'État angéliques, mais de dirigeants ouverts et éclairés. Et simultanément, nous nous adressons à tous nos amis animateurs de la société civile et de tant d'ONG déjà si courageusement engagées dans tant d'espaces de solidarité et, hélas, aussi de non-droit.

Nous identifierons, ici, quelques actions qui pourraient être entreprises pour avancer vers des transformations fraternelles dans trois domaines ; ces initiatives seront souvent des gestes modestes et fraternels d'hommes et de femmes conscients cependant de la portée universelle de leur action :

- rendre la démocratie plus inclusive ;
- remettre la finance au service de l'économie ;
- renforcer la gouvernance d'un monde multipolaire.

Rendre la démocratie plus inclusive

Dans tous les pays, il y a des hommes et des femmes qui, au quotidien, ont le souci de l'autre et conscience de leur responsabilité vis-à-vis de la société. Ce sont tous ceux qui accomplissent les tâches les plus humbles pour protéger, soigner, approvisionner ; en ce temps de confinement, ils sont sous les projecteurs, mais ils sont trop oubliés en temps normal. À côté d'eux, les membres de centaines d'organisations de la société civile se retrouvent sur tous les fronts de la misère : mal-logés, victimes de la faim ou de mauvais traitements, enfants abandonnés, migrants, personnes âgées seules… Ils sont un visage de la fraternité.

Les démocraties occidentales sont, depuis près de trente ans, de plus en plus secouées par l'accroissement des inégalités, l'incertitude de ce que sera demain et les mouvements migratoires. Cela entraîne des peurs de déclassement et de perte d'identité. Au cours des années les plus récentes, ces phénomènes n'ont fait que s'intensifier. Le terrorisme islamiste a multiplié ses crimes pour accroître son emprise ; le populisme s'est répandu – en France comme en d'autres pays Europe – exploitant les réactions identitaires et allant jusqu'à menacer les institutions de la démocratie représentatives ; tout récemment enfin, la pandémie de la Covid a pu répandre la peur chez les plus fragiles. Face à ces menaces, les pouvoirs publics agissent pour protéger les citoyens. Ils mènent, selon leurs propres termes, un « combat contre le terrorisme et contre l'épidémie ». C'est dans ce climat où retentissent ces appels de tonalité guerrière bien compréhensibles et où se multiplient les pulsions de repli que le pape François nous invite à nous convertir à la fraternité. Mais comment « faire fraternellement société » alors que les circonstances nous invitent à détourner le regard, par exemple, de trois questions particulièrement urgentes : l'arrêt de la progression des inégalités, le dialogue avec les musulmans et l'accueil plus humain des migrants ? La tentation de renvoyer ces défis à des jours meilleurs nous habite. Nous devons y résister de notre mieux, tout en tenant compte des réticences que continuera d'entretenir l'exploitation médiatique du moindre incident impliquant des étrangers.

Arrêter la progression des inégalités

Les inégalités entre pays ont longtemps occupé le devant de la scène internationale et entraîné de nombreux débats sur le développement et les moyens de les réduire. Politiques nationales, aides au développement et investissements étrangers ont abouti à une réduction réelle de l'écart du revenu par tête entre pays. Mais en même temps, dans tous les pays du monde, les inégalités et les écarts de revenu ont augmenté, fragilisant les sociétés démocratiques et se révélant particulièrement inacceptables dans les pays où la faim demeure.

En France, au cours des vingt dernières années, les statistiques ont permis de vérifier l'enrichissement constant des plus favorisés et la stagnation, voire la régression, des revenus des plus pauvres. À la fin de l'année 2020, plus de 10 millions de personnes vivaient en dessous du seuil (1 063 euros par mois) et 1 million d'entre elles avaient franchi ce seuil au cours de cette même année. Des études nous apprennent que, toujours en 2020, l'épargne liquide surabondante générée pendant la crise du coronavirus avait largement profité aux 20 % des ménages les plus riches.

Nous reviendrons sur les mécanismes qui pèsent sur les revenus salariaux et favorisent la croissance des revenus financiers. D'ores et déjà, nous souhaitons qu'un accord européen définisse et impose la responsabilité sociale et environnementale des entreprises (RSE).

Pour réduire les inégalités, il faut aussi que la subsidiarité ne soit plus un mot savant, mais la réalité d'une vie démocratique où tous, même les plus modestes, puissent prendre part aux décisions qui les concernent. Que le plus grand nombre ait le courage de prendre part aux réflexions locales, régionales ou nationales consacrées à des aspects de la vie économique, sociale ou culturelle qui lui tiennent à cœur ; que chacun fasse l'apprentissage d'un dialogue apaisé où l'on s'écoute et recherche ensemble le bien commun ! Ce n'est pas aussi angélique qu'il y paraît. Ainsi, Le Mené, un ensemble de petits villages des Côtes-d'Armor, en voie de dépeuplement il y a cinquante ans, a décidé de se prendre en main et, faisant dialoguer ensemble paysans, propriétaires, entrepreneurs, autorités locales et régionales, il a surmonté leurs conflits d'intérêts et il est devenu un modèle de territoire à énergie positive, qui a fait école en France et en Europe. Sur la base de ces constatations, il est clair que les gouvernements devront au cours des prochaines années donner priorité à une politique active de réduction de ces dynamiques inégalitaires par des investissements et des politiques sociales efficaces pour la promotion des moins favorisés. Ils devront aussi adopter des dispositions contribuant à la modération de la croissance des revenus les plus élevés.

Le dialogue avec nos frères musulmans

Le Pape a maintes fois donné l'exemple d'échanges avec des autorités d'autres religions dans des contextes particulièrement symboliques. François dépasse ainsi les frontières qui nous isolent pour s'adresser à la communauté humaine et lui proposer une vision plus fraternelle du monde. Certes dans les circonstances présentes, il nous faut combattre avec la plus grande fermeté non seulement les attaques de groupes islamistes étrangers contre l'unité d'un pays perçu comme catholique et avocat d'une liberté d'expression qu'ils rejettent, mais tout autant les campagnes menées pour imposer la charia aux populations musulmanes. Il demeure que l'attitude de François est une vigoureuse invitation à tous les chrétiens à suivre son exemple, d'autant que nos frères musulmans dans leur grande majorité sont hostiles à toute atteinte à la paix civile et à l'unité nationale. Dans ces moments, il importe pour maintenir la paix et l'unité du pays que nos concitoyens musulmans sentent que nous ne les rejetons pas, bien au contraire.

La vie quotidienne offre maintes occasions d'échanges – au travail, en conduisant ou allant chercher les enfants à l'école, dans les commerces, en voisins, dans les réunions de quartier, dans les colonies de vacances, etc. De tels moments sont propices pour engager le dialogue sur ce que nous vivons ensemble, pour nous intéresser à la manière dont les religions rythment nos vies, progressivement surmonter ce qui peut subsister d'une méfiance réciproque et nous accueillir mutuellement très simplement.

La méfiance fait généraliser les jugements à l'emporte-pièce et fait dire « tous les musulmans sont... », « tous les juifs sont... », « tous les chrétiens sont... ». Cette méfiance s'enracine dans l'ignorance que nous avons des autres religions et doit être combattue dès l'école en tout pays. Nous pensons que les grandes religions et l'agnosticisme devraient y être présentés de façon neutre et respectueuse.

L'Unesco, qui a une longue expérience des dialogues interreligieux et interculturels, notait cependant il y a déjà plus de trente ans qu'on ne peut approfondir de tels dialogues qu'entre personnes ayant une connaissance suffisamment solide de leur propre religion ou de leur propre culture ; faute de quoi le moins cultivé se sent agressé dès qu'il ne sait que répondre et la colère risque de s'installer.

La méthode historico-critique a éclairé la compréhension de la Bible au siècle dernier et donné des bases scientifiques à son herméneutique actuelle. Il est prometteur qu'une recherche de même nature ait été entreprise pour l'islam par les professeurs Ali Amir-Moezzi et Guillaume Dye, entourés d'une équipe multidisciplinaire. Celle-ci a abouti en 2019 à la publication du *Coran des historiens*[1] dans l'introduction duquel les deux auteurs écrivent : « Nous pensons qu'un des moyens les plus sûrs... pour apaiser les esprits, faire tomber les tensions, neutraliser les fanatismes et les incompréhensions, est d'introduire

1. Ali Amir-Moezzi et Guillaume Dye, *Le Coran des historiens*, éditions du Cerf, 2019, 4 000 pages. Voir aussi Ali Amir-Moezzi et Pierre Lory, *Petite histoire de l'islam*, Librio, 2018, 93 pages.

l'histoire et la géographie – en un mot, l'approche scientifique, avec sa froideur et sa distance – dans l'examen des choses de la foi » et plus loin : cet ouvrage « s'adresse aussi bien à ceux qui considèrent le Coran, souvent sans le connaître, comme un texte violent, justifiant l'esprit de domination chez ceux qui le voient comme leur livre saint, qu'aux musulmans qui y ajoutent foi comme un ensemble de préceptes valables pour tous les temps et tous les lieux ». Une belle semence pour un dialogue approfondi et fraternel.

Gérer humainement les migrations

La nécessité d'une nouvelle attitude face aux migrations relève d'abord du réalisme. Se comporter en citadelle n'est pas une attitude d'avenir ; les citadelles tombent toujours. La citadelle européenne est, en outre, fragilisée par le vieillissement de sa population et sa très probable décroissance. Elle aura donc besoin d'attirer des cadres et des travailleurs de l'extérieur de l'Union. Plusieurs pays, dont l'Allemagne et la Suisse, le font déjà en privilégiant ceux qui sont arrivés ces dernières années d'Afrique et du Moyen-Orient et qui avaient une formation bien utile au pays d'accueil.

Ce pragmatisme ne peut suffire. La nécessité d'une nouvelle attitude relève aussi d'un impératif de fraternité que le pape François décline en quatre verbes : « accueillir, protéger, promouvoir, intégrer »… et nous ajouterions la volonté de s'intégrer de la part des migrants. Bien plus, comment accepter sans états d'âme en tant que chrétien ou, tout simplement, en tant qu'être humain que les gouvernements européens sous-traitent à la Turquie et à la Libye la garde de migrants en transit pour qu'ils n'atteignent pas nos frontières ? Et cela quand la Turquie en fait un instrument de chantage contre l'Europe et que l'on torture dans les geôles libyennes pour obtenir des rançons des familles et que l'on organise des marchés aux esclaves. Il est urgent qu'une coalition internationale se mette en place pour combattre les passeurs qui, tout le long du chemin depuis le pays de départ jusqu'à celui d'arrivée, s'enrichissent, faisant que le trafic de migrants devienne plus rémunérateur que celui de la drogue.

Enfin, l'on ne migre pas de gaîté de cœur, et les douleurs et les risques du voyage, qu'ils connaissent, ne dissuadent pas des candidats aux migrations. Il faut donc gérer les migrations de façon à la fois plus réaliste et plus humaine. C'est dans cet esprit qu'a été conçu et adopté le Pacte mondial pour des migrations sûres, ordonnées et régulières, dit pacte de Marrakech (décembre 2018) qui vise à assurer la sécurité des migrants tout au long de leur parcours, à faciliter leur retour dans leur pays d'origine, à réguler les flux. Encore faut-il que chaque pays s'efforce de le mettre en œuvre.

Afin de réduire les facteurs poussant à l'émigration, il appartient à la communauté internationale de maintenir la paix et aux pays de départ de conduire des politiques qui permettent à tous de mener une vie digne et de jouir des libertés fondamentales – avec, si nécessaire, le concours d'aides et d'investissements extérieurs. Ces mêmes pays doivent informer les candidats au départ des risques encourus et garantir qu'ils pourront revenir quand ils le souhaiteront.

Traiter les migrants de façon plus humaine dans les pays d'accueil requiert que les personnels chargés des migrants et des demandeurs d'asile soient bien formés et diligents, que des hébergements publics ou privés soient prévus pour des occupants temporaires. Faciliter leur intégration demande de les autoriser à accéder à des emplois déclarés et c'est aussi être intransigeant sur le respect des lois de la République.

Certes, l'Europe ne peut, comme l'a dit Michel Rocard, « accueillir toute la misère du monde ». Cela, non pas parce que les migrations mettraient en danger l'emploi – l'expérience montre que les migrants effectuent des tâches nécessaires au fonctionnement de l'économie que les nationaux n'assument pas – mais parce que les sociétés européennes ont besoin de temps pour assimiler, en grand nombre à la fois, des personnes de cultures différentes, que leur afflux massif peut poser des problèmes de sécurité et de rejet par une partie de la population rendue hostile par le fait qu'au cours des années récentes, certains migrants ont refusé de respecter les lois de la République. Un effort de discernement s'impose ; il est la condition d'une politique d'ouverture.

N'oublions jamais que, comme l'a révélé la période de confinement, les migrants, en situation régulière ou non, sont essentiels au fonctionnement de la vie quotidienne des entreprises et de tout un chacun. Autrefois polonais, italiens, espagnols, portugais, vietnamiens ; hier et aujourd'hui roumains, africains du nord et du sud du Sahara, hommes et femmes du Moyen et de l'Extrême-Orient en guerre : tous auraient mérité ou méritent que chacun les traite comme des frères.

Remettre la finance au service de l'économie

À partir des années 1970, le passage d'une finance réglementée à une finance de marché a donné lieu à une innovation foisonnante et une sophistication qui ont conduit à la mise au point de produits de plus en plus complexes. Tout en améliorant considérablement la gestion des risques financiers, cette évolution a eu deux effets regrettables : le système financier s'est éloigné de son cœur de métier, le service de l'économie. En même temps, les risques de ces nouveaux produits, difficiles à appréhender hors des cercles de spécialistes, se sont diffusés dans l'ensemble de la planète auprès de porteurs n'ayant pas tous les moyens de déceler ces risques. Il en est résulté une bulle spéculative majeure à l'échelle mondiale qui a éclaté dans la crise financière de 2007-2008.

Dans *Fratelli tutti*, le pape François rappelle ses propos dans *Laudato Si :* « La crise financière de 2007-2008 était une occasion pour le développement d'une nouvelle économie plus attentive aux principes éthiques, et pour une nouvelle régulation de l'activité financière spéculative et de la richesse fictive. Mais il n'y a pas eu de réaction qui aurait conduit à repenser les critères obsolètes qui continuent à régir le monde. » Il déplore que la spéculation financière « continue de faire des ravages » sapant la confiance nécessaire au bon fonctionnement de l'économie.

Le renforcement du système financier et de sa régulation a pourtant été bien réel. Mais il est vrai qu'il a été conçu dans le but d'éviter une faillite afin de restaurer la confiance à court terme et non vers une réforme en profondeur de ce système qui aurait porté une vision différente de l'économie, de la finance et de la relation qui les lie, vers un monde qui ne répercuterait pas les risques sur ceux qui ne peuvent se défendre.

De leur côté, les gestionnaires d'épargne, du fait de la peur du risque de la majorité des épargnants, s'éloignent des investissements les plus indispensables dans le monde et se bornent trop souvent à des investissements à court terme, mais sûrs, même s'ils sont modestement rémunérateurs. On en vient ainsi à la situation aberrante où ces gestionnaires optent pour des prêts à long terme à des taux négatifs, prétendus sûrs, au lieu de rechercher des systèmes de garanties au moins partielles leur permettant de contribuer à des investissements indispensables.

La crise sanitaire actuelle offre l'occasion d'une nouvelle prise de conscience. Elle replace au centre le rôle des états par la mobilisation de ressources financières considérables au service de la protection de l'économie et de la sauvegarde de pans entiers d'activité. Plusieurs signes encourageants accompagnent cette évolution : des réductions ou des suspensions du versement de dividendes, la baisse volontaire de leur rémunération de la part de certains dirigeants, la contribution d'entreprises et de leurs salariés à des actions de solidarité, la pratique d'un dialogue social responsable.

Qu'en restera-t-il une fois le danger écarté ? L'horizon court-termiste de la finance laissera-t-il la place à une vision plus holistique de la notion de profit ? Depuis 2008, les mentalités ont évolué. La prise en compte des enjeux sociaux et environnementaux est aujourd'hui au centre de tous les débats. Le pape François fait appel à toutes les personnes de bonne volonté pour résoudre les problèmes et améliorer le système.

Il appartient aux États, aux régulateurs, aux entreprises et à leurs dirigeants, aux citoyens de contribuer à la transformation des outils du monde économique et financier en redéfinissant le couple risque/profit. La persistance de taux bas soulève avec acuité la question de la juste rémunération des capitaux investis en fonction du risque assumé. Il est possible d'adopter une définition plus large du profit en intégrant des exigences sociales et environnementales en lien avec les objectifs de développement durable de l'ONU. Ce sujet est, notamment, au cœur des travaux de la Commission européenne mais le chemin reste à parcourir. Chaque investisseur, quel qu'il soit, retraité, salarié, indépendant, entrepreneur, peut choisir des placements qui contribuent à aller dans cette direction. Il est désormais possible d'orienter l'épargne vers la « finance à impact » combinant performance financière et objectifs durables, en particulier ceux préservant la planète et les personnes. Le secteur financier a une responsabilité particulière pour développer les outils permettant d'y accéder. Son offre est en train de s'étoffer dans ce sens. Il est essentiel que ces avancées, encore modestes, se développent vigoureusement et toujours plus au service d'une économie du bien commun universel.

Ramener les banques et autres établissements financiers au service de l'économie impliquerait :

- Un renouveau moral tirant les leçons de l'effondrement financier de 2007-2008 dont on peut trouver l'origine dans le non-respect des principes de base de l'éthique professionnelle.
- La mise en œuvre des normes et régulations, en chantier depuis dix ans, qu'il faudrait éventuellement renforcer, pour faire face à la nature des risques aujourd'hui.
- De la part des épargnants, un sens plus aigu de leurs responsabilités dans le placement de leur épargne. Ils devraient financer des réalisations nécessaires aux niveaux local, national ou mondial. Pour cela, il est essentiel que les organismes de financement nationaux ou multinationaux changent radicalement leur stratégie et emploient une partie beaucoup plus importante de leur capacité financière à des garanties. Cela

permettrait d'orienter l'épargne mondiale vers des pays où la pénurie empêche la réalisation des investissements nécessaires, pour faire face aux besoins gigantesques liés au changement climatique. Les institutions financières nationales ou internationales devraient se consacrer bien davantage à l'octroi de telles garanties plutôt que de se contenter d'offrir des crédits que le marché pourrait fournir en abondance.

Au-delà de ce changement essentiel dans la sphère privée ou dans celle des partenariats public-privé, il est urgent que les gouvernements remettent sur le métier des initiatives internationales pour recréer un système monétaire et financier garantissant ce bien public qu'est la stabilité globale. Cela passe :

- À court terme par des réformes pour doter le FMI des moyens juridiques et financiers pour en faire un « prêteur de dernier ressort » et le gardien des grands équilibres dans un monde où la finance tend à dominer la monnaie.
- À plus long terme par l'adoption d'une gestion monétaire multipolaire permettant d'assurer un meilleur contrôle des liquidités internationales et d'avancer vers une monnaie mondiale pour un système multipolaire, le droit de tirage

spécial devenant une véritable monnaie internationale.

Renforcer la gouvernance d'un monde multipolaire

Les plus graves menaces qui se présentent à nous – qu'il s'agisse des pollutions, des pandémies, des risques climatiques, des nouvelles formes de violences... – ignorent les frontières et affectent le monde tout entier. Elles ne pourront être contenues efficacement que si nos ripostes s'inscrivent dans des stratégies mondiales, conçues en commun et mises en œuvre de façon intégrée. Un système d'organisations multipolaires auquel participent tous les pays et tous les peuples est donc indispensable pour que la communauté mondiale puisse se donner une vision commune.

Ce système est inévitablement complexe, formé d'institutions mondiales et régionales, gouvernementales et privées. Le foisonnement d'institutions ayant des compétences différentes est le résultat de la vie économique, sociale et culturelle de pays interdépendants occupant tout l'espace d'une même planète. Il est naturel. Vouloir l'ordonner rationnellement serait vain, mieux vaut encourager les coopérations et supprimer les institutions qui ne répondent plus à un besoin.

L'essentiel est que les gouvernements veuillent effectivement utiliser ces instruments de coopération pour le bien commun.

Face aux défis du monde, la famille des Nations unies[1], dont la quasi-totalité des pays sont membres, devrait être l'instrument central de la conception des politiques globales à mettre en œuvre ainsi que des arrangements, les régulations et normes internationales nécessaires à la sécurité collective.

On peut noter par exemple l'importance de porter une attention renouvelée au risque constant de prolifération nucléaire et au danger mortel pour l'humanité de l'utilisation des armes atomiques par des pays pris dans un engrenage de violences. De même, la nécessité d'entreprendre à nouveau des efforts de réduction globale des budgets militaires et l'affectation de ces économies au développement des pays pauvres devraient être rappelées à temps et à contretemps.

Bien des idées et des principes auxquels nous sommes profondément attachés ont été débattus et affinés au sein des Nations unies et sont devenus universels : les droits de l'homme, le droit à

1. La famille des Nations unies comprend l'Organisation des Nations unies (ONU) et les institutions spécialisées dont le Fonds monétaire international (FMI) et la Banque mondiale.

l'éducation pour tous, hommes et femmes, l'égalité des sexes, le développement des peuples, la nécessaire protection de l'environnement et de la biodiversité. C'est aux Nations unies que se sont forgés les conventions et les instruments pour veiller à ce que les États les mettent en œuvre et pour les y aider. Certes, ces conventions n'ont pas toujours été respectées ni ces instruments utilisés, mais ils restent des références et des guides. De même, l'ONU n'a pas empêché les guerres, même si c'est sa première raison d'être, mais elle a prévenu plusieurs conflits, a aidé à négocier des trêves, fourni les forces d'interposition pour éviter que les combats ne reprennent, elle a été le lieu où se signait la paix sans qu'aucun des pays en guerre perde la face.

Pour que l'ONU puisse mieux jouer ce rôle de lieu où les idées mûrissent et se transforment en politiques et en normes, il serait important :

- Que le nombre des membres permanents du Conseil de sécurité s'élargisse pour accueillir les grands pays émergeant du Sud, au moins un par continent, et que l'usage du droit de veto soit régulé pour éviter les blocages du temps de la guerre froide et de ces dernières années.
- Que soit confirmée la participation des organisations de la société civile aux débats et conférences dans les domaines économiques, sociaux

et culturels, et à la mise en œuvre des conventions. Boutros Boutros-Ghali disait volontiers, après avoir quitté l'ONU, que l'organisation ne survivrait que si les ONG s'y impliquaient pour en renouveler les idées et les méthodes.

Ce second point compte pour que les peuples se sentent effectivement partie prenante aux débats de l'ONU et que les jeunes sentent que des idées nouvelles, les leurs, y sont débattues, que la culture d'hier, qui selon le mot de Kafka nous tient entre ses griffes, puisse évoluer. Aujourd'hui, hélas, les valeurs des Nations unies sont remises en cause dans plusieurs pays, ostensiblement parfois mais, le plus souvent, sans le dire.

Il faudrait enfin que la structure informelle connue comme le G20, qui n'est pas parti de l'ONU mais qui exerce un rôle utile de concertation sur les grandes questions économiques et sociales, soit réformée pour être dotée de la légitimité universelle qui lui manque aujourd'hui.

Oui, pour construire le monde fraternel que nous avons évoqué tout au long de ce chapitre, il faut que notre culture change. En effet, la culture individualiste et égoïste, qui imprègne nos règles et nos comportements, distille dans toutes les réalités humaines désespérance, division et peurs, voire haines. Citons le « gagner plus pour consommer plus » devenu motivation dominante, citons aussi la cupidité qui s'installe partout au cœur de la culture collective et entraîne entre autres l'extravagante augmentation des plus hautes rémunérations et crée des écarts de revenus hallucinants. Mentionnons, enfin, les visions du bien commun circonscrites aux limites des villes et des villages, aux frontières nationales ou à une communauté ethnique ou religieuse, alors que les cultures d'un monde harmonieux devront être diversifiées et puiser à toutes les sources.

Il va de soi que nous n'irons pas loin dans la recherche, inévitablement permanente, du bien commun de toute l'humanité si nos cultures, y compris politiques, ne s'adaptent pas à de nouveaux horizons universels. Dès l'école, les générations montantes devraient être invitées à les découvrir et à s'en émerveiller et, simultanément, à découvrir la dimension universelle et fraternelle de leur responsabilité citoyenne. Elles seront alors mieux préparées à travailler pour le bien commun mondial.

L'Unesco est par excellence l'institution à même d'orchestrer, au plan mondial, une telle transformation du cursus scolaire. Comme elle n'obtient pas pour cela le soutien universel requis, on devrait encourager, au moins de façon informelle, les travaux préparatoires requis pour y associer étroitement les enseignants.

Au-delà, les responsables de médias, les hommes et les femmes politiques peuvent faire découvrir à l'opinion publique la dimension universelle des responsabilités et le nouvel art de vivre que requerra le monde qui vient. Dans cet effort, ils devraient solliciter les sagesses, les spiritualités et les religions du monde, voire s'en inspirer. Elles ont été très souvent, à travers l'histoire, créatrices de culture et malgré leur implication dans le passé parfois dans des violences guerrières et encore aujourd'hui certains exclusivismes, elles contiennent un message subversif à contre-courant de nos torpeurs et de nos défaitismes : un message de fraternité. Aussi, au lieu d'ignorer les leaders religieux qui ont, de fait, une grande influence dans des religions comme le bouddhisme, l'islam et le christianisme, ne faudrait-il pas favoriser des situations les amenant à s'exprimer **ensemble** sur des sujets qui tourmentent le monde actuel ? La rencontre d'Assise voulue par Jean-Paul II allait en ce sens et *Fratelli tutti* offre un bel exemple sollicitant les religions à mettre leurs énergies spirituelles au service d'une fraternité que toutes veulent créer.

Chapitre 3

Pour une Europe au service de la fraternité

Le monde traverse, au moment où s'achève la seconde décennie du XXIe siècle, une sorte de morte-saison de la coopération internationale. La première puissance mondiale a, temporairement, rompu avec le multilatéralisme. Cette invention prophétique des années de l'après-guerre qui avait permis la mise en place de structures de gouvernance d'un monde cheminant vers son unité. Les institutions de coopération régionale pourraient tenter de prendre, au moins temporairement, le relais mais elles sont elles aussi contestées. L'Union européenne meurtrie par le Brexit, affaiblie par la menace de division Est-Ouest autour de ses valeurs fondamentales, n'échappe pas à cette mise en cause. Ballottée dans la crise actuelle de la mondialisation, entre tentation de repli et vocation universaliste, elle n'échappe pas au doute sur son avenir. Serait-elle elle aussi un de ces « rêves brisés en morceaux » dont parle le Pape dans son encyclique ?

Que pouvons-nous faire ? Allons-nous, terrassés par le sentiment de notre propre impuissance devant les défis d'aujourd'hui, nous coucher comme le prophète à l'ombre d'un genêt et attendre tout bonnement la mort annoncée de son grand dessein de 1950 ? Allons-nous – comme à Babel – essayer de nous assurer un confort acceptable pour 450 millions d'Européens derrière les murailles d'une nouvelle forteresse ? Allons-nous nous contenter d'attendre des jours meilleurs ?

Ces interrogations, ces doutes sont légitimes mais l'Histoire n'attend pas. Elle nous invite comme Européens, parce que les problèmes à dimension mondiale sont là, à un sursaut de fraternité. Elle nous rappelle que l'Europe est née de cette stupéfiante réaction de quelques hommes qui, sur les ruines laissées par la Seconde Guerre mondiale, ont osé rêver d'une Europe réconciliée, capable, selon les propres termes de la déclaration Schuman, de contribuer à la paix du monde et au développement de l'Afrique.

Le grand Européen que fut le pape Jean-Paul II dans son exhortation apostolique *Ecclesia in Europa* en 2003 a donné à l'Europe son nom, après avoir parcouru son histoire. Pour lui, elle s'appelle « ouverture[1] ». Sur ce nom, il a

1. Cette feuille de route fait l'objet du magnifique § 111 d'*Ecclesia in Europa.*

fondé une feuille de route pour les chrétiens de ce continent. En de nombreuses interventions dont de mémorables discours à Strasbourg et Bruxelles, le pape François n'a cessé de ratifier ce message. Dans une telle perspective, comment l'Europe pourrait-elle maintenant retrouver sa vitalité dans ses choix fondateurs de réconciliation et d'ouverture ? Revenons-en donc à notre feuille de route.

« Dire Europe doit vouloir dire ouverture. Malgré les expériences et les signes contraires qui d'ailleurs n'ont pas manqué, c'est son histoire même qui l'exige : L'Europe n'est pas vraiment un territoire clos ou isolé ; elle s'est construite en allant, au-delà des mers, à la rencontre d'autres peuples, d'autres cultures, d'autres civilisations. C'est pourquoi l'Europe doit être un continent ouvert et accueillant qui continue à pratiquer, dans l'actuelle mondialisation, des formes de coopération non seulement économique, mais également sociale et culturelle. Il y a une exigence à laquelle le continent doit répondre de manière positive pour que son visage soit véritablement nouveau : l'Europe ne saurait se replier sur elle-même. Elle ne peut ni ne doit se désintéresser du reste du monde ; elle doit au contraire garder pleine conscience que d'autres pays, d'autres continents, attendent d'elle des initiatives audacieuses, pour offrir aux peuples les plus pauvres les moyens de leur développement et de leur organisation sociale, et pour édifier un monde plus juste et plus fraternel. Pour réaliser une telle mission de manière appropriée, il sera nécessaire de repenser la coopération internationale en termes de nouvelle culture de solidarité. Considérée comme ferment de paix, la coopération ne peut pas se réduire à l'aide et à l'assistance, surtout quand on envisage en retour de tirer profit des ressources mises à disposition. Au contraire, elle exprime un engagement concret et tangible de solidarité qui vise à faire des pauvres les acteurs de leur développement et qui permette au plus grand nombre possible de personnes d'exercer, dans les circonstances économiques et politiques concrètes dans lesquelles elles vivent, la créativité propre à la personne humaine, d'où dépend aussi la richesse des nations. »

Une première priorité serait de reprendre sans tarder le travail de consolidation de son unité. C'est le préalable à tout autre progrès. Quelles que soient les aigreurs accumulées, chacun doit travailler fraternellement à rechercher les voies d'un dialogue en confiance, accepter d'en rabattre sur les positions teintées d'idéologie et s'attacher à ce respect de la diversité qui a été parfois bousculée. Elle renforcera d'autant mieux son unité qu'elle se tournera vers la construction d'un avenir plus autonome assis sur une économie et une recherche résolument soucieuses de l'écologie et du bien commun. Une occasion importante de progrès en ce domaine pourra être trouvée dans l'adoption (dont nous ne méconnaissons pas la difficulté) du Pacte européen sur la migration et l'asile envisagée par la Commission européenne d'ici la fin de 2021[1].

La deuxième priorité est la recherche de la paix. Ici les sages paroles de Jean-Paul II ont été trop oubliées : « L'Europe, avec tous ses habitants, doit s'employer inlassablement à construire la paix à l'intérieur de ses frontières et dans le monde entier. À ce propos, il convient de rappeler d'une part que les différences nationales doivent être maintenues et cultivées comme le fondement de la solidarité européenne ; et, d'autre part, que l'identité nationale elle même ne se réalise que dans l'ouverture aux autres peuples et à travers la solidarité envers eux[2]. »

Troisième priorité, dans ses relations internationales, l'Europe devrait tenir comme une des premières exigences de la fraternité le respect des engagements pris lors de la ratification des

1. On pourra se reporter à ce propos à l'étude de Jérôme Vignon et Jean-Louis De Brouwer, *Nouveau Pacte pour la migration : une proposition équilibrée à approfondir* (Institut Jacques-Delors – Notre Europe, 28 septembre 2020)

2. § 112, *Ecclesia in Europa.*

conventions internationales, notamment celles relatives aux droits de l'homme et la solidarité vis-à-vis des pays les plus pauvres. Vingt-sept des vingt-huit pays de cette catégorie se trouvent en Afrique. Celle-ci a manqué d'aides et d'investissements malgré les promesses faites depuis les années 1960 tant aux pays en développement qu'aux pays les moins avancés. En même temps nous savons que plusieurs pays ont été mal gérés par des gouvernements autoritaires s'accrochant au pouvoir et dépouillés par des prédateurs extérieurs qui ne s'intéressaient qu'à leurs richesses minérales, forestières et aux terres disponibles. Aujourd'hui, l'Europe ne peut arguer des échecs passés pour se désintéresser de l'Afrique, par solidarité, d'abord, et aussi parce que sa population va doubler d'ici 2050. L'harmonie des relations internationales et la paix du monde se joueront sur la fraternité que ces deux continents établiront entre eux ainsi que sur leur coopération pour assurer une vie digne aux nouvelles générations africaines. Cela requiert un puissant renforcement du soutien de l'Europe. La solution du problème de la faim est, en Afrique, une priorité absolue. Comment se résigner à une situation dans laquelle des millions d'enfants sont voués à devenir des hommes et des femmes intellectuellement diminués parce qu'ils auront souffert de malnutrition au cours des mille premiers jours de leur vie alors que dans les laboratoires des pays avancés, des bataillons de chercheurs travaillent sur des projets concernant « l'homme augmenté » ? Nous pouvons noter, certes, que les jeunes générations sont beaucoup mieux formées et conscientes de leurs responsabilités. Il en est maints exemples. L'Europe ne peut plus tenter de dire aux Africains ce qu'ils doivent faire, elle doit répondre aux demandes qu'elle trouve justes et investir dans des activités qui bénéficient d'abord aux populations locales.

Pour la mise en œuvre des trois objectifs majeurs de ce « nouveau cap » que nous venons d'esquisser, l'Union peut et doit, par ses institutions, apporter à chacun de ses membres les soutiens nécessaires. Ces institutions doivent s'ingénier à les leur rappeler et les aider à les renforcer au fil de son propre redressement. Sa contribution, même si elle doit soigneusement tenir compte des difficultés de chacun, devrait se faire d'autant plus vigoureuse que les problèmes sont difficiles, comme tel est le cas par exemple des migrations.

Quelles que soient les difficultés présentes, l'Europe doit aussi prendre une part active aux travaux de reconstruction des structures de gouvernance multilatérale du monde, pour les rendre capables d'adopter les régulations mondiales indispensables et de mieux prévenir les conflits.

Avec son expérience concrète d'abandons limités de souveraineté et son histoire de *soft power* substituant la norme à la force et au conflit, elle peut être un acteur exemplaire d'un monde en recherche d'un avenir de justice et de paix.

Ce survol de nos responsabilités d'Européens nous ramène à notre « fil rouge » : les communautés humaines comme l'homme lui-même ne se réalisent pleinement qu'en s'ouvrant aux autres. L'Europe est née après la guerre sous la bonne étoile de la réconciliation et de la fraternité. C'est aujourd'hui sa principale force pour avancer dans l'Histoire. Même si les auteurs de sa Constitution ont trouvé trop présomptueux de la définir comme « un espace privilégié de l'espérance humaine », l'Histoire difficile des premières années du XXIe siècle, comme les enseignements de *Fratelli tutti*, nous presse de mettre tous nos efforts à faire de l'Europe un espace où se construit véritablement la fraternité humaine et d'en faire partager les valeurs à ses partenaires dans le monde.

*

* *

À ce stade de notre réflexion, le lien établi par le pape François entre les deux transformations « ecclésiale et sociale » nous apparaît certainement sous des aspects plus concrets. Il s'agit pour les chrétiens de notre temps de les mener ensemble. Ils auraient peu de chances d'y parvenir si, au même moment, l'Église n'entreprenait pas une réforme profonde mettant en œuvre la synodalité voulue par le concile Vatican II et destinée à promouvoir une participation des fidèles aussi active que possible aux responsabilités dans l'Église. Ce devrait être aussi l'occasion de voir pleinement reconnue la place de la femme à tous les niveaux de l'organisation ecclésiale et, tout particulièrement, aux instances de responsabilité[1]. Ce serait aussi l'occasion de combattre l'adoption par l'Église dans l'exercice de son pouvoir des errements de nos sociétés. Les progrès de la fraternité dans l'Église renforceront réciproquement ces progrès vers la synodalité. Ceux-ci, à leur tour, devraient être, pour les deux transformations ecclésiale et sociale que nous venons d'évoquer, un appui essentiel. Pleinement reconnus dans leurs responsabilités de baptisés, les fidèles seront mieux à même de les mener à bien. La synodalité elle-même trouverait, à travers la vigueur de ces transformations, une portée accrue.

---

1. Le pape François a invité les chrétiens à prier particulièrement pour que la place de la femme soit pleinement reconnue à tous les niveaux de l'organisation ecclésiale et tout particulièrement aux instances de responsabilité de l'Église.

Partie III

Pour une Église synodale et fraternelle[1]

1. *Nous sommes très reconnaissants à Hervé Legrand op, professeur honoraire à l'Institut catholique de Paris, pour sa relecture de ce chapitre et tout particulièrement pour les annexes jointes à notre texte. Elles nous permettent de penser que nos suggestions sont solidement enracinées dans la tradition.*

Chapitre 1

Pour une Église synodale[1]

Une requête de Vatican II pour l'Église entière et pour les Églises locales

Dans le sillage de Vatican I et surtout du Code de droit canonique promulgué en 1917, l'Église catholique s'est dotée d'une structure très strictement hiérarchique et centralisée qui a montré ses faiblesses dans les années précédant Vatican II. Pour corriger les excès de la « monarchie pontificale » décidant de presque tout dans l'Église, et ceux du cléricalisme renforcé par le Code de

1. Nous sommes très reconnaissants à Hervé Legrand, professeur honoraire à l'Institut catholique de Paris, pour sa relecture de ce chapitre et tout particulièrement pour les annexes jointes à notre texte. Elles nous permettent de penser que nos suggestions sont solidement enracinées dans la tradition.

droit canonique, le Concile a décidé d'introduire un meilleur équilibre dans l'exercice des responsabilités. Au sein de l'Église entière, il a voulu rendre aux évêques les responsabilités qui leur revenaient de droit, afin que la communion plutôt que la subordination règle les relations entre les évêques et le pape. C'est ce qu'on a appelé la collégialité. Prenant également appui sur l'ecclésiologie de communion[1], le Concile a voulu accorder à l'ensemble des baptisés une participation plus grande dans la vie de leur Église,

1. Parler de nos jours d'ecclésiologie de communion, un terme ignoré des conciles de Trente et de Vatican I alors qu'il revient 112 fois dans Vatican II, c'est renouer avec la tradition ancienne pour laquelle « l'Église catholique une et unique naît dans et à partir des Églises locales » (*Lumen Gentium* 23). Chaque Église est pleinement Église, sans être toute l'Église. Communiant à la même eucharistie, professant la même foi apostolique, les Églises locales sont fondées à être des sujets de droit pouvant prendre ensemble les décisions qui leur sont nécessaires, en synode et en conciles, et, aussi, à s'interpeller sur leur vie chrétienne respective. Ce retour à la tradition confirmerait la position de la hiérarchie au sein de la communauté diocésaine en communion et coresponsabilité avec l'Église universelle. Ce qui fonde les relations au sein de l'Église entière fonde aussi les mêmes relations au sein des diocèses et des paroisses à travers synodes et conseils : les fidèles sont en communion avec les autorités diocésaines et paroissiales sans leur être assujettis.

tant dans la liturgie que dans la vie quotidienne des paroisses et des diocèses. Tel est le but de la synodalité. Pour y arriver, il a instauré à ces deux niveaux divers conseils (pour les prêtres, l'apostolat, les laïcs, les finances), et encouragé la reprise des synodes diocésains composés désormais d'une majorité de laïcs.

La collégialité ou la synodalité dans l'Église entière

La collégialité devait passer par la généralisation des conférences épiscopales. Par ce biais, les Églises locales cesseraient d'être des succursales gérées selon des normes uniformes et pourraient témoigner de l'Évangile dans la très grande diversité de leurs cultures avec plus de réalisme et d'efficacité. Mais « ce souhait », aux yeux du pape François, « ne s'est pas pleinement réalisé ; une centralisation excessive, au lieu d'être une aide, complique la vie de l'Église et sa dynamique missionnaire » (*La joie de l'Évangile*, n. 32).

La réforme administrative de la curie romaine en cours va dans ce sens : elle soumet la curie au synode des évêques et non au pape seul. La voie s'ouvre ainsi à une réelle décentralisation à l'échelle des continents ou des grands regroupements d'Églises nationales qui pourraient être dotés de certains pouvoirs décisionnels. En même temps, le synode des évêques acquiert une réelle importance dans le gouvernement de l'Église entière, puisque le Saint-Siège prend ses décisions avec les Églises locales et non plus simplement à leur place[1]. Dans la même ligne, les deux synodes sur la famille et, encore plus, le synode pour l'Amazonie ont permis des avancées significatives : les Églises locales qui étaient jusqu'alors traitées, sur bien des points, comme des circonscriptions administrées à partir du centre, deviennent désormais des sujets de droit et d'initiatives. De ce fait, la communion de l'Église sera vécue désormais comme une communion d'Églises locales.

La synodalité au sein des Églises locales, une ressource de la tradition[2]

L'ecclésiologie de communion, qui requiert la collégialité des évêques, appelle aussi la synodalité au sein des Églises locales. Sans elle, les évêques ne sont pas réellement insérés dans leur Église

---

1. Le bien-fondé d'une telle collaboration se vérifie, par exemple, s'agissant de la traduction des textes liturgiques dans les langues locales. Le pape François a donné plus de responsabilités aux conférences épiscopales sur ce point.

2. L'annexe 1 fournit plusieurs indications à ce propos.

comme le voulait la tradition canonique jusqu'au XXe siècle[1]. Dans le Nouveau Testament, Pierre associait toute la communauté aux choix du disciple qui devait compléter le groupe des Douze (Ac 1 ; 15 et 21). Au IIIe siècle, saint Cyprien de Carthage s'était fait « une règle de ne rien décider d'après son opinion personnelle sans le conseil des prêtres et sans le suffrage du peuple[2] » ; saint Augustin valorisait l'évêque bien plus en tant que chrétien avec les autres chrétiens que comme évêque[3]. Le grand texte de Vatican II *Lumen Gentium* a tenu compte de cet équilibre. À sa suite, dans la constitution apostolique *Episcopalis communio* du 15 septembre 2018, le pape François souligne, au n° 5, que les évêques doivent se mettre « à l'écoute de la voix du Christ qui parle

1. Cela se manifeste dans la prescription du droit ecclésial bien que peu appliqué (du fait de la nomination des évêques par les monarchies catholiques), demandant que l'évêque soit élu par son diocèse, en collaboration avec les évêques voisins. Depuis 1917, la papauté s'est réservé ce droit. Seuls une douzaine de diocèses de nos voisins suisses et allemands conservent cette tradition grâce à des concordats.

2. *Lettre* 14, n. 4, édition Budé, p. 42.

3. Saint Augustin, *Sermon* 340, 1 : « Ce que je suis pour vous en tant qu'évêque, m'épouvante ; ce que je suis avec vous en tant que chrétien me rassure. Évêque, c'est le titre d'une charge qu'on assume ; chrétien, c'est le nom de la grâce. Le titre est périlleux ; le nom est salutaire. »

à travers le peuple tout entier », le synode devenant « un instrument privilégié » d'une collaboration entre clergé et fidèles dont Vatican II rappelait la nécessité[1].

Ces temps-ci, quand un cléricalisme institutionnalisé s'est révélé si périlleux pour la vie ecclésiale, la synodalité, dans son plein sens d'association des chrétiens à la gestion de leur communauté, se présente comme une ressource pour y remédier. Elle constitue surtout une marque de regain de la vie chrétienne à l'encontre des modèles de gouvernement calqués, sans discernement suffisant, sur celui des monarchies absolues.

Promouvoir la synodalité dans la vie de l'Église : une requête profondément chrétienne...

Quand la synodalité de l'Église entre en sommeil, son identité doctrinale n'est plus tout à fait respectée. En effet, comme le rappelle l'introduction de *Lumen Gentium*, l'Église est à la fois le peuple de Dieu le Père, le corps du Christ et le temple du Saint-Esprit[2]. Puisqu'elle est le corps

---

1. *Lumen Gentium* 37, cité plus haut.

2. *Lumen Gentium* 4 : « Toute l'Église apparaît comme un peuple qui tire son unité de l'unité du Père et du Fils et

du Christ, elle comporte une grande diversité de membres qui collaborent dans l'unité, comme le souligne saint Paul. Le peuple de Dieu est à juste titre appelé *ekklesia*, c'est-à-dire assemblée. Être le temple de l'Esprit saint signifie que l'ensemble des dons de l'Esprit, dans leur diversité, se trouve dans l'ensemble du peuple de Dieu, ce qui induit un régime d'écoute mutuelle et de coresponsabilité… En clair, le désordre s'introduit dans l'Église quand un seul veut être tout ou que tous veulent tout faire.

Le droit en vigueur reste très éloigné de cette perspective du fait que les évêques sont actuellement très peu insérés dans leur Église, à la différence de Cyprien et d'Augustin. Ils sont souverains dans leur diocèse. Nommés directement par le pape, ils ne rendent de comptes qu'à lui seul, et non à leurs diocésains ou aux évêques de leur région ou de leur conférence. Cet éloignement de l'ecclésiologie de communion se vérifie ouvertement dans une interdiction faite aux nonces, quand ils établissent la liste des prêtres pouvant devenir évêques : selon le canon 377, § 3, ils n'ont pas le droit de consulter les conseils diocésains en tant que tels ; ils peuvent seulement consulter individuellement certains de leurs

du Saint-Esprit » (Saint Cyprien, Commentaire sur le Notre-Père, 23).

membres, comme « certains laïcs, s'ils le jugent à propos ». Empiriquement, cela conduit à se priver de précieuses informations, ce que l'expérience a démontré ; et surtout une telle disposition s'éloigne clairement de l'ecclésiologie de communion : les Églises locales y apparaissent plutôt comme assujetties que comme sujets de droit au sein de l'Église.

Le renforcement de l'identité des Églises locales devrait entraîner la revitalisation de la catholicité de l'Église tout entière. L'enseignement de *Lumen Gentium* 23 selon lequel c'est « dans et à partir des Églises locales qu'existe l'Église catholique une et unique » ne permet plus de confondre la catholicité (l'unité dans la différence) et l'universalité uniformisatrice.

On voit ainsi combien est fondée la réforme actuelle qui promeut la synodalité. Toutefois, il serait illusoire de penser que tous ceux qui se rattachent à l'Église auront soit l'envie, soit les capacités d'y jouer un rôle actif.

… ou une concession excessive à l'esprit démocratique ?

Ce plaidoyer pour la synodalité signifie-t-il que nous qualifions celle-ci de toutes les vertus dont se parait naguère la hiérarchie ? Non bien sûr, mais nous souhaitons répondre à ceux qui craignent que la synodalité ne favorise une dérive populiste aux échelons locaux, voire menace l'unité de l'Église. Ils craignent qu'une « démocratisation » de l'Église n'expose l'identité spécifique des Églises locales au péril des fractures ethniques ou nationales.

Il ne faut pas le nier, et on peut même s'en réjouir, la synodalité et la démocratie ont en commun un certain nombre de valeurs auxquelles nous tenons. Le droit canon prévoit ainsi que, dans un synode diocésain, « toutes les questions seront soumises à la libre discussion des participants » (canon 465), comme le voulait la tradition promue par la papauté médiévale : « Ce qui concerne tout le monde doit être discuté et approuvé par tous. » Cela doit se traduire aujourd'hui par l'information du plus grand nombre, la libre discussion de leurs problèmes par les intéressés, leur participation à l'élaboration des lois qui les gouvernent. En outre, bien que seul habilité à promulguer une nouvelle loi (canon 466), l'évêque ne peut promulguer que ce que l'assemblée a décidé à l'issue de débats où l'on a recherché le consensus et où les minorités ont été écoutées.

Cependant, considérer que l'Église doit fonctionner en tout domaine comme une démocratie n'aurait guère de sens, car les assemblées chrétiennes visent une vérité qui n'est d'aucune façon l'objet de la démocratie. Le contenu de la foi est objet de réception et de transmission, comme le dit expressément saint Paul au sujet de la résurrection et de l'eucharistie : « Ce que j'ai reçu, je le transmets » (1 Co 15,3 et 11,23). Il est clair, pour tout catholique, que ces vérités ne s'établissent pas au terme d'une délibération.

Premiers pas vers une ecclésiologie de communion

La synodalité demeurera une intention tant que le droit canonique ne l'aura pas institutionnalisée. Cela demandera du temps. Pourtant, sans attendre, les Églises locales, dans la diversité de leurs membres, devraient mettre à leur ordre du jour l'identification des réformes souhaitables et chercher à les évaluer. Il s'agirait par exemple de réunir en France une assemblée représentative d'évêques et de laïcs pour identifier les efforts intellectuels, spirituels ou d'organisation que notre avenir requiert. Rien ne l'interdit et tout le recommande.

À titre d'exemple, en mars 2019 en Allemagne, la conférence des évêques et le Comité central des catholiques allemands (Zentralkomitee der deutschen Katholiken [ZdK]) se sont engagés paritairement à mettre à plat les problèmes qui se posent et à transmettre leurs résolutions au Saint-Siège. Une telle initiative ne peut être copiée, telle quelle, en notre pays, faute de représentation organisée du laïcat, mais nous pourrions nous en inspirer.

Le Comité central des catholiques allemands (ZdK) et le Chemin synodal

Le Comité central des catholiques allemands (ZdK) est l'association de représentants laïcs des conseils diocésains et des associations et mouvements catholiques ainsi que des institutions de l'apostolat des laïcs et d'autres personnalités de l'Église et de la société. Créé en 1848 et réorganisé après le concile Vatican II, le ZdK est aujourd'hui constitué par 230 membres avec un président à sa tête. Actuellement il s'agit du Dr Thomas Sternberg. Selon le décret du concile Vatican II sur l'apostolat des laïcs (n °26), le ZdK est un organisme reconnu par la conférence épiscopale allemande, qui coordonne les forces de l'apostolat des laïcs et qui vise à promouvoir l'activité apostolique de l'Église. Dix évêques et dix personnalités du ZdK forment une conférence commune qui se réunit deux fois par an.

Les membres du Comité central prennent leurs propres décisions de manière indépendante. Selon son statut, le ZdK a les tâches suivantes : il suit l'évolution de la vie sociale, étatique et ecclésiastique et représente publiquement les préoccupations des catholiques ; il formule des suggestions pour le travail apostolique de l'Église et des catholiques dans la société. Il participe aussi aux décisions ecclésiastiques au niveau diocésain et conseille la conférence épiscopale allemande sur les questions de vie sociale, étatique et ecclésiale. Enfin, son rôle le plus visible est l'organisation des rencontres des catholiques allemands (*Katholikentag*) qui réunissent tous les deux ans entre 30 000 et 100 000 participants.

Avec la conférence épiscopale allemande, le ZdK coorganise actuellement le chemin synodal qui a démarré le 1er décembre 2019. Pour une durée de normalement deux ans, les catholiques allemands essaieront de répondre aux défis qui se sont révélés pour l'Église en Allemagne après la publication d'une enquête majeure sur « Les Abus sexuels de mineurs par des prêtres catholiques, des diacres et des religieux masculins dans le domaine de la conférence épiscopale allemande ». Le chemin synodal sera jalonné par des réunions synodales, au cours desquelles les forums synodaux présentent les résultats de leurs délibérations, qui sont alors discutés

et décidés. Quatre forums synodaux ont été créés : « Pouvoir, participation, séparation des pouvoirs », « Morale sexuelle », « Mode de vie sacerdotal » et « Les femmes dans les services et le ministère ». Une présidence du chemin synodal, composée du président et du vice-président de la conférence épiscopale allemande ainsi que du président et du vice-président du Comité central des catholiques allemands, prépare les réunions synodales et assure leur suivi. Les décisions du chemin synodal qui concernent non seulement un diocèse ou la conférence épiscopale allemande et exigent une réponse à l'échelle de l'Église universelle seront transmises au Vatican.
Selon *La Croix* du 5 février 2020, la première assemblée du processus synodal de l'Église catholique en Allemagne s'est déroulée à Francfort du 30 janvier au 2 février. La plupart des évêques se sont réjouis de son atmosphère de dialogue libre et respectueux.

Dans le climat actuel de l'Église de France, le peuple de Dieu, en sa diversité, ressent vivement le besoin d'identifier les réformes les plus nécessaires et d'en parler ensemble pour dépasser bien des impasses d'ordre pratique, mais aussi des insuffisances doctrinales qui résultent de controverses historiques. Sans démarche de ce genre, leur permettant d'exprimer ce qui leur tient à cœur, la frustration des catholiques ne fera que croître. Ils voient ces questions largement débattues dans les médias, c'est-à-dire à l'extérieur de l'Église et de façon trop rapide, précisément parce que ces questions n'ont pas pu être débattues au sein de l'Église. Quant aux évêques, grâce à une telle initiative, ils trouveraient la possibilité d'une écoute collégiale du « sens de la foi des fidèles », ce à quoi Vatican II les invite afin d'arriver à un « jugement plus clair et plus exact, tant en matière spirituelle que temporelle » (*Lumen Gentium* 37). C'est tous ensemble, dans une communion reçue et construite, que nous relèverons les défis.

En résumé, nous soutenons donc les efforts du pape François pour promouvoir la synodalité dans l'ensemble de la vie de l'Église. Remarquons enfin que tout progrès dans l'Église catholique vers un exercice moins personnel et plus synodal de l'autorité serait un pas considérable vers l'Église « Une », conforme à l'engagement œcuménique déclaré « irréversible » par tous les papes récents.

Conclusion

C'est à la lumière des « promesses semées » par l'annonce du prochain synode que nous achevons cet ouvrage. Cet événement peut être une étape majeure vers la sortie de la grande épreuve que l'Église catholique traverse. Nous venons de souligner l'importance des travaux préparatoires qu'il appelle et l'effort de conversion qu'il devra accompagner de la part de tous pour qu'il contribue à réduire les divisions des catholiques entre eux et contribue au resserrement des liens œcuméniques. Pourquoi ne pas esquisser, dans l'espérance que ces efforts justifient, le visage que l'Église devrait offrir au monde demain ?

Quelle Église voudrions-nous voir émerger de ces difficultés ? Une Église où la tolérance de l'institution et le silence des laïcs ne permettent plus les dérives qui ont blessé profondément des innocents ; une Église qui se dégage d'un cléricalisme qui l'a affaiblie ; une Église qui progresse vers une vie synodale où clercs et laïcs dialoguent et assument conjointement leurs responsabilités pour vivre l'Évangile et témoigner de la Parole de Dieu. Cette Église fonderait sa reconstruction sur la priorité absolue de l'Évangile et sur la sainteté recherchée par tous ses membres, au-delà d'une distinction rigide entre clercs et laïcs. Ce serait enfin une Église dont tous les fidèles, hommes ou femmes, célibataires ou mariés, pourraient assumer bien des responsabilités aujourd'hui réservées aux prêtres. Transformée, elle se présenterait comme un peuple de baptisés, mettant pleinement en œuvre les orientations du concile Vatican II. Une Église qui, plutôt que de répéter des règles éthiques et un discours doctrinal parfois abstrait, solliciterait l'hospitalité d'un monde qu'elle aime et dont elle partage les souffrances, les espoirs et les joies. En un mot, une Église tout entière nourrie de l'Évangile et de l'eucharistie, ferments de fraternité dans le monde qui vient.

Ce propos peut paraître bien idéaliste. Beaucoup d'obstacles en temps ordinaire s'opposent à cette transformation : résistances systémiques, peur, inculture des laïcs, conservatismes, préservation de positions acquises, risque de divisions. Mais en ce qui concerne notre pays, nous ne sommes plus en temps ordinaires. Quel visage offrira notre Église dans trente ans, quand désormais en France 80 % des enfants ne sont plus baptisés ? Dans cette situation totalement inédite, la routine n'est plus de mise. Telle est la raison pour laquelle nous proposons, en termes séculiers, une réunion d'évêques et de fidèles pour préparer, par des réalisations concrètes périodiquement évaluées, l'avenir de l'Église de France. Nous formulons cette proposition mus par une conviction liée à notre regard sur l'histoire deux fois millénaire de l'Église dans notre pays. On nous dit que la France a « cessé d'être chrétienne[1] » et que, comme Emmanuel Mounier l'annonçait déjà dans les années 1930, « la parole de Dieu y est morte[2] ». Or, notre certitude est qu'une Église transformée, devenue pleinement synodale, peut reprendre sa marche sous le souffle de l'Esprit et éclairer celle des hommes de la lumière de l'Évangile. Nous croyons à la fécondité de cette rencontre entre une Église ainsi profondément renouvelée et le monde qui se dessine devant nous, avec ses risques et ses chances pour les hommes.

Pour nous engager dans cette voie, les jours que nous vivons peuvent être pour cela « le moment favorable[3] ».

1. Jérôme Fourquet, *L'archipel français*, Seuil, 2019.
2. Emmanuel Mounier, *Feu la chrétienté*, Seuil, 1950.
3. Paul : 2 Cor 6,2.

Notes historiques et théologiques d'Hervé Legrand op

Ces notes, préparatoires à deux publications plus scientifiques, ont été mises à notre disposition par le P. Hervé Legrand op. L'une de ces études est sous presse chez Herder (Freiburg im B.) dans les Actes de l'Association des professeurs de théologie fondamentale et de dogmatique de langue germanique. L'autre paraîtra dans un collectif de l'association Confrontations (Paris).

I

La concentration de tous les pouvoirs entre les mains du clergé n'est pas traditionnelle

La tradition conçoit le pouvoir des clercs comme s'exerçant dans l'Église et non sur elle, comme c'est le cas à l'époque moderne. On citera ici un certain nombre de dispositions et de textes anciens en ce sens : l'élection des chefs d'Église par les chrétiens de l'endroit, l'acceptation nécessaire de leur ministère, l'élaboration en commun de certaines décisions[1]. On proposera ensuite des textes, souvent officiels, montrant que le pouvoir ecclésial, depuis la fin du XIXe siècle, appartient exclusivement aux clercs.

1. Jean Gaudemet, *Les élections dans l'Église latine des origines au XVIe siècle*, Paris, F. Lanore, 1979, rassemble la législation et son évolution.

I. Ainsi la grande Tradition situe les ministres et leur pouvoir dans l'Église et non au-dessus d'elle

La *Tradition apostolique* d'Hippolyte (vers 218) : « Qu'on ordonne comme évêque celui qui a été élu par tout le peuple » (n. 2 de ce rituel d'ordination). Saint Cyprien (milieu du IIIe siècle), élection et « déposition » des évêques par le peuple : « Dans l'obéissance aux préceptes du Seigneur, le peuple doit se séparer d'un prêtre sacrilège, surtout qu'il a le pouvoir d'élire de dignes évêques et d'écarter les indignes », Lettre 67 en soutien aux Églises d'Astorga et de Merida (Espagne) qui avaient l'une et l'autre chassé leur évêque.

Gouvernement synodal : « Dès le début de mon épiscopat, je me suis fait une règle de ne rien décider d'après mon opinion personnelle, sans votre conseil (à vous les prêtres) et sans le suffrage du peuple [...]. Près de vous en commun, comme le veut la considération que nous avons les uns pour les autres, nous traiterons de ce qui a été fait ou de ce qui reste à faire », Lettre 14,4 à son Église dont il est momentanément éloigné.

Les papes du Ve siècle, s'adressant aux évêques de Gaule, considèrent les Églises comme des sujets de droit. Ainsi saint Célestin, Lettre 4,5 : « Qu'aucun évêque ne soit imposé à ceux qui ne le veulent pas. Le consentement et le souhait du clergé, du peuple et de la curie locale sont requis. » Saint Léon, Lettre 10,6 : « Personne ne doit être ordonné sans avoir été demandé par les fidèles et contre leur gré, car il ne faut pas qu'une cité ait en aversion un évêque qu'elle n'a pas demandé et [...] parce qu'elle n'aurait pas eu celui qu'elle demandait. »

La pratique confirme que les Églises locales et leurs fidèles sont considérés comme des sujets de droit. Qu'on pense à l'ordination contrainte de saint Martin dont l'Église de Tours s'empare par la ruse ; à celle de saint Augustin ; de saint Germain d'Auxerre (Vita 2) : « Tous les clercs et toute la noblesse, la population de la ville et de la campagne n'eurent qu'un avis : la voix unanime de tous demandait Germain comme évêque [...]. Il reçut le sacerdoce contre son gré, contraint et forcé. »

Au XIIIe siècle, Innocent III puis ses successeurs promeuvent l'adage juridique : « Ce qui concerne tout le monde doit être discuté et approuvé par tous » (*cf.* Y. Congar, *Quod omnes tangit, ab omnibus tractari et approbari debet*[1]), ce qui conduira à ouvrir les conciles généraux médiévaux[2] à des

1. *Revue historique de droit français et étranger*, 586(1958), p. 210-259.

2. Ces conciles sont comptés comme œcuméniques dans la liste des 21 conciles de ce type que retient l'Église catholique.

laïcs. Le concile de Trente sera encore ouvert par la prédication d'un laïc[1].

Au XIVe siècle, dans une même ligne qui situe le pouvoir de l'Église au-dessus de ses détenteurs, le concile de Constance déposa les trois papes concurrents, estimant qu'il en avait le pouvoir, au moins en cette circonstance.

Concernant les prêtres, on relèvera qu'au haut Moyen Âge, les curés sont nommés par les laïcs qui sont les propriétaires des églises, situation loin d'être idéale. À partir du XIIe siècle, leur élection par les paroissiens est assez répandue. Elle est toujours formellement en vigueur dans de larges parties du diocèse de Bâle, et dans les diocèses de Saint-Gall et de Coire.

II. À l'époque moderne et contemporaine, le pouvoir est devenu une prérogative des clercs ; il s'exerce sur l'Église et n'a été que modestement repensé à la suite de Vatican II

La réforme grégorienne du XIe siècle a préparé lointainement la situation actuelle. En disqualifiant

1. Le comte Ludovico Nogarola, humaniste, *cf.* Hubert Jedin, *Kirche des Glaubens*, Fribourg-en-Brisgau, 1966, p. 177-186.

religieusement les laïcs[1] et en absolutisant le pouvoir papal[2], elle conduira à l'effacement de la collégialité et de la synodalité, redécouvertes à Vatican II, notamment en comprenant l'Église comme peuple de Dieu, Églises de devenir sujets de droit dans la communion des Églises puisque « c'est dans et partir des Églises qu'existe l'Église catholique une et unique » (*Lumen Gentium* 23). Du chemin a été parcouru depuis 963. Toutefois des centralisations excessives persistent[3]. La collégialité des évêques redécouverte à Vatican.

---

1. *Cf.* le cardinal Humbert de Moyenmoutier (*Libelli de Lite*, t. I) : « De même que les clercs n'ont pas à s'immiscer dans les affaires du monde, de même les laïcs n'ont pas à s'immiscer dans les affaires spirituelles. »

2. Les 27 propositions des *Dictatus papae* sont claires : le pape « seul, mérite d'être appelé universel [...] seul il peut déposer les évêques [...] aucun synode ne peut être appelé général sans son ordre [...] aucun texte canonique n'existe en dehors de son autorité [...] il ne doit être jugé par personne ». Ce qui a contribué au schisme avec l'Orient, comme le fait comprendre l'évêque grec Nicétas de Nicomédie à un interlocuteur latin : « Qu'il soit alors le seul évêque, le seul docteur ; le seul éducateur, qu'il soit seul au-dessus de ce qui lui a été confié à lui seul, qu'il en prenne la responsabilité devant Dieu, à titre d'unique bon Berger. Il ne doit pas mépriser ses frères que la vérité du Christ a engendrés, non pour l'esclavage, mais pour la liberté au sein de la Mère Église » (PL 188,1218-1219).

3. Jusqu'à Vatican II, un évêque catholique ne pouvait pas de son propre droit permettre à un curé de paroisse de célébrer

Il souffre de lacunes. Les Églises régionales n'y trouvent pas leur place, car elle ne saurait être formelle qu'à l'échelle universelle ; de plus, son exercice reste entièrement dépendant de son chef qui dispose de tout le pouvoir du collège et collabore avec lui « selon sa propre discrétion ». Bref, la primauté reste un pouvoir sur l'Église. Pour Jean-Paul II, la collégialité n'est effective que dans un concile œcuménique qui, dans le droit actuel, ne pourrait agir comme à Constance. Le reste du temps elle est affective.

La synodalité diocésaine pour sa part a été stimulée par la création de nombreux conseils (des prêtres, de la pastorale, de l'économie) mais aucun d'entre eux n'a un pouvoir décisionnel, sauf le

---

deux messes le dimanche, à une religieuse de laver des linges d'autel d'un premier lavage, ou permettre à une moniale de consulter un dentiste hors de son monastère ; ces pouvoirs lui étaient concédés par le pape lors des visites que les évêques font tous les cinq ans à la curie. Grâce au Code de 1983, on est passé de ce régime de concession papale de certains de leurs pouvoirs aux évêques à celui de la réserve de certains de leurs pouvoirs au pape, pour le bien commun de l'Église. Ce changement capital dans la conception du droit n'a guère modifié une centralisation que le pape François juge excessive : n'a-t-il pas fallu la collaboration de deux dicastères, quatre étapes et dix ans, pour décider que les petites filles avaient universellement la faculté de servir la messe, mais non pas le droit, et à quatre conditions, cf. *Acta Apostolicae Sedis* 86 (1994), p. 541-542. Plus de synodalité est requise, selon lui, par exemple affronter des problèmes que l'Église rencontre en Amazonie, et ailleurs.

dernier mentionné. Après Vatican II, le Code de 1983 n'a pas modifié celui de 1917 qui consacre un seul canon général et positif aux laïcs. Comme l'a remarqué U. Stutz, « ils n'y ont pas le droit des citoyens mais ceux d'étrangers résidents et protégés ». Ce Code a reconduit celui de 1917 qui avait réservé la nomination des évêques au pape, abolissant la norme de l'élection par l'Église, en vigueur jusqu'alors dans le droit écrit (canon 327, §§ 2 et 3). Le droit actuel se prémunit contre toute expression de l'Église locale en ce domaine, en interdisant aux nonces de consulter à ce sujet les divers conseils, de clercs ou de laïcs de l'Église : il pourra certes « estimer utile d'entendre quelques-uns de leurs membres, mais seulement individuellement, et même quelques laïcs » (canon 377, 3).

L'évêque diocésain est-il vraiment dans son Église ? Venu d'ailleurs, il cumule les pouvoirs législatif, exécutif et judiciaire (canon 391) ; ce qui a sûrement compliqué le traitement des abus sexuels, car on lui demande d'être le père des prêtres et leur juge d'instruction au pénal, avec des conflits d'intérêts prévisibles. Par ailleurs, il exerce son autorité sans avoir de comptes à rendre à quiconque, sauf au pape. Le synode diocésain, composé majoritairement de laïcs, hommes et femmes, est la seule instance où une Église locale peut se manifester comme sujet de droit, car l'évêque ne pourra promulguer que ce qui a été voté en assemblée. Ainsi commencent à se corriger le magistère ordinaire de Léon XIII[1], de saint Pie X[2] et les dispositions du Code de 1917 qui avaient fini par cléricaliser les laïcs, comme en témoigne l'éditorial d'une revue officielle de *L'Action catholique*, à la veille de Vatican II[3]. On dit commencer, car il est interdit aux synodes d'exprimer un simple vœu qui ne serait pas conforme au droit en vigueur[4], et ce dernier ne leur fixe aucune périodicité.

1. *Lettre au cardinal Guibert, archevêque de Paris*, dans *L'Église* (enseignements pontificaux rassemblés par les moines de Solesmes), Paris, 1959, t. I, p. 302, citée *infra* en conclusion.

2. « Dans le corps pastoral seul résident le droit et l'autorité nécessaires pour promouvoir et diriger tous les membres vers la fin de la société (i-e l'Église) ; quant à la multitude, elle n'a d'autre droit que celui de se laisser conduire et, troupeau docile, de suivre ses pasteurs », encyclique *Vehementer* adressée à l'Église de France (1906).

3. Ainsi l'éditorial de *Masses Ouvrières*, janvier 1960, p. 7 : « Le dialogue entre l'évêque et les laïcs est certes possible, mais le laïc ne peut qu'être enseigné, que recevoir. Il est pris en charge par la hiérarchie. C'est un signe de comportement adulte que d'accepter sa condition. »

4. *Cf.* l'instruction de *Synodis diocesanis agendis* IV, 4, promulguée par Jean-Paul II, AAS, 1997, t. 89, p. 706-727.

Conclusion

D'un parcours sommaire de la mémoire longue de l'Église, il ressort clairement que la concentration actuelle de tous les pouvoirs dans les mains du clergé ne résulte pas d'un développement homogène de la tradition. On ne conclura pas à l'infidélité de ce développement, mais que l'Église d'aujourd'hui est certainement libre d'introduire plus de collégialité et plus de synodalité dans sa vie et devrait même corriger certaines trajectoires devenues doctrinalement unilatérales. On vérifie ces deux points même au cours de l'histoire récente, en comparant l'enseignement de Léon XIII et de Vatican II, à soixante-quinze ans de distance.

Léon XIII à l'archevêque de Paris : « Aux seuls pasteurs, il a été donné tout pouvoir d'enseigner, de juger, de diriger ; aux fidèles, il a été imposé de suivre leurs enseignements, de se soumettre avec docilité à leur jugement et de se laisser par eux gouverner, corriger, conduire au salut. »

Vatican II, *Lumen Gentium* 37 : « Les pasteurs, avec l'aide et l'expérience des laïcs, sont mis en état de juger plus distinctement et avec plus de compétence (*distinctius* et *aptius*) en matière spirituelle et temporelle et c'est toute l'Église qui pourra, ainsi renforcée par ses membres, remplir plus efficacement sa mission pour la vie du monde. »

Il ne suffit pas de savoir qu'on est libres de passer du premier modèle au second et de penser que ce serait plus fructueux doctrinalement et pastoralement. Cela suppose des transformations institutionnelles dont Vatican II a posé les fondements. Sans réformes institutionnelles, la manière de mettre en œuvre *Lumen Gentium* 37 sera interprétée très différemment par chaque évêque. De même, la figure actuelle du synode diocésain, dont on a vu les limites, ne suffira pas à assurer la synodalité à l'échelon diocésain. On ne corrigera pas le cléricalisme par des exhortations. Pour cela, dit le pape François : « Il est nécessaire que chaque baptisé se sente engagé dans la transformation ecclésiale et sociale dont nous avons tant besoin[1]. »

Plus de collégialité et de synodalité signifiera certes l'ouverture de plus de débats dans l'Église. Selon le représentant du Pape en Allemagne, il ne faut pas le craindre car « le pape François ne veut pas d'une Église du silence, où régnerait la paix des cimetières[2] ». L'Église vers laquelle il nous faut aller devra se détacher aussi de l'image, voire de la réalité, d'une simple institution distributrice de services qu'elle a adoptée malgré elle dans les sociétés occidentales.

1. *Lettre au peuple de Dieu*, août 2018.

2. Mgr N. Eterovic, nonce à Berlin, *Herder – Korrespondenz* 73, 2019, p. 4.

II

Élargir les manières d'appeler au ministère

Élargir les manières d'appeler aux ministères, une liberté offerte par la tradition

La pénurie actuelle de prêtres dans l'Église catholique d'Occident a des causes multiples qu'on ne peut analyser ici dans leur complexité. On peut du moins repérer l'une d'entre elles qui réside dans l'abandon de la théologie traditionnelle de la vocation comme l'appel de Dieu médiatisé par l'appel de l'Église. À partir du premier tiers du XXe siècle, on situera, en effet, la vocation dans « des germes[1] » semés par Dieu dans la conscience personnelle d'un chrétien. Dès lors, la persuasion intime d'une personne d'être appelée par Dieu

1. Le décret sur la formation des prêtres utilise l'expression par deux fois, sans avoir été discutée au cours de la rédaction du texte.

devient décisive. Pie XI en exigera la vérification par un serment prêté sur les saints Évangiles[1]. Le langage actuel traduit bien cette subjectivation : ne dit-on pas d'un jeune homme : « il a la vocation », « il s'est fait prêtre » ? Et le Code de droit canonique de 1983 ne parle-t-il pas constamment des candidats à l'ordination[2], leur conférant même un quasi-droit d'être ordonnés[3] ?

Cette innovation sans précédent donne la priorité aux sujets et non plus à l'objet du ministère ; elle paralyse les évêques dans leur devoir de choisir les pasteurs dont le besoin est évident. Quand il n'y a plus de candidats, faute de l'intime persuasion requise d'eux, les grands séminaires se

1. Les ordinands doivent jurer sur les saints Évangiles qu'ils se présentent à l'ordination « en le désirant spontanément et en le voulant de pleine et entière liberté car j'expérimente et je ressens que je suis réellement appelé par Dieu », « *cum experiar ac sentiam a Deo me esse revera vocatum* », *Acta Apostolicae Sedis* 23, 1931, p. 127. Selon le canon 1008, ils doivent toujours demander, par écrit, à leur évêque de les ordonner.

2. Neuf canons les qualifient de candidats. Ce qui s'écarte de la liturgie de l'ordination. Encore aujourd'hui comme aux origines, la première parole prononcée dans toute ordination est adressée à l'évêque : « Père, la Sainte Église vous demande d'ordonner un tel (selon le cas) diacre/prêtre/évêque. »

3. Ainsi le canon 1026 interdit de refuser les ordres à quelqu'un « qui est canoniquement idoine à les recevoir », interdiction renouvelée au canon 1030.

ferment, comme actuellement ; et l'on s'achemine vers une Église sans prêtres. De plus, ce régime de la candidature oblige à dissuader certains volontaires tandis qu'il empêche de faire appel à ceux qui, au témoignage des fidèles et des membres du clergé, auraient les aptitudes spirituelles et humaines requises.

La tradition n'impose pas un tel étau. Durant tout le premier millénaire, et bien au-delà, personne ne manifestait le désir de devenir prêtre. Tous les textes, y compris les instructions papales, attestent que l'on se réfère au désir des communautés d'obtenir tel chrétien comme leur pasteur, un désir toujours respecté[1] au besoin par la contrainte, même physique, exercée sur le nouvel ordonné[2]. Dans notre contexte si différent, on

---

1. Saint Célestin prescrit aux évêques de Vienne (en Gaule) : « qu'on n'impose pas au peuple tel évêque dont il ne voudrait pas » (*Lettre* 4,14 ; PL 50,434). Saint Léon prescrit à Anastase de Thessalonique : « celui qui doit présider à tous doit être élu par tous » (*Lettre* 14,5 ; PL 54,673), et aux évêques de la province d'Arles : « qu'on n'ordonne pas quelqu'un évêque, contre le gré des chrétiens et sans qu'ils l'aient expressément demandé » (*Lettre* 10,6 ; PL 54,634).

2. Ces pratiques sont bien étudiées par P.-H. Lafontaine, *Les conditions positives de l'accession aux ordres dans la première législation ecclésiastique (300-492)*, Ottawa, 1963, p. 71-100, et par Y. Congar, « Les ordinations *invitus, coactus* de l'Église antique au canon 214 », *Revue des sciences philosophiques et théologiques* 50(1956), p. 169-197, repris dans

ne saurait recourir à de telles pratiques, mais elles nous invitent à retrouver un meilleur équilibre doctrinal en ce domaine.

On retrouverait cet équilibre en prenant comme point de départ de la séquence conduisant à l'ordination, non pas la démarche d'un chrétien individuel, mais le fait que l'Église ne peut se passer de pasteurs. Concrètement, l'Église locale devrait commencer par réfléchir au type de pasteur requis chez elle pour le meilleur service de l'Évangile et de l'Église de Dieu. Sur ce fondement, à elle de repérer les personnes qui auraient les qualités de vie chrétienne et les compétences humaines requises pour devenir des pasteurs. Et, au terme, à elle de les appeler. Selon cette séquence, l'Église locale gagne à n'être plus limitée par le volontariat de quelques chrétiens. Les futurs ordonnés aussi y gagnent ; en manifestant leur liberté, non pas en se portant volontaires au terme d'une introspection complexe, mais en consentement à l'appel de bien d'autres chrétiens qui les connaissent et les assurent de leur soutien[1].

Bien entendu, la séquence ainsi décrite paraîtra utopique tant qu'on ne l'affine pas dans les

Droits anciens et structures ecclésiales, Variorum Reprints, Londres, 1982.

1. On échappe ainsi à l'entre-soi du clergé, actuellement seuls des prêtres décident qui pourrait être prêtre.

détails. Sans pouvoir le faire ici, constatons qu'elle s'est montrée tout à fait fructueuse dans le rétablissement du diaconat permanent. La plupart des diocèses de France, un peu réticents devant des candidatures spontanées à ce ministère, ont mis sur pied des procédures impliquant laïcs, clergé local, représentants de l'évêque, pour susciter des diacres, selon les séquences analyse des besoins, identification des personnes, puis appel à des personnes précises. Ces personnes qui jusqu'alors n'avaient pas ressenti « avoir la vocation » comprennent que l'appel de l'Église est le solide critère de leur vocation. Certaines années, on a ainsi ordonné plus de diacres que de prêtres, en parfaite harmonie avec les procédures du diocèse local de Rome[1]. Ce qui montre que cette voie est non seulement légitime mais fructueuse. Dans le contexte occidental évoqué en conclusion de l'annexe 1, ce ne sera pas aisé. Mais est-ce impossible ?

Il vaudrait donc la peine d'enrichir la pratique actuelle dans la ligne décrite, d'une façon que la société actuelle permet. Par exemple, ils seraient

1. Cf. *Prime norme per l'attuazione del diaconato nella diocesi di Roma*, n. 7 : « Du moment que l'appel au ministère surgit du don de l'Esprit dans et pour l'Église, il est normal que la communauté chrétienne contribue, à travers ses différents charismes et ministères, à la désignation des chrétiens à présenter et à proposer à l'évêque, à qui revient le jugement définitif. »

mariés comme les diacres ; comme il ne serait pas bon qu'ils soient tous retraités, ils auraient un statut économique comparable, travaillant à mi-temps et exerçant leur ministère à mi-temps, tout en continuant de travailler. Il serait judicieux aussi qu'ils exercent leur ministère en équipes. Ils pourraient également bénéficier d'une formation permanente nécessaire et aisée de nos jours.

Rien n'interdit d'explorer une telle voie permettant d'appeler plus largement aux ministères. Ainsi appelés et exerçant leur ministère dans les conditions envisagées, de tels prêtres ne seraient-ils pas moins enclins au cléricalisme ? Ils pourraient prendre modèle sur saint Augustin dans la conviction que l'ordination est une grâce pour l'Église et pour les autres chrétiens : « Si ce que je suis pour vous m'épouvante, ce que je suis avec vous me rassure. Pour vous, en effet, je suis l'évêque ; avec vous je suis chrétien. Évêque est le titre d'une charge qu'on assume ; chrétien, c'est le nom de la grâce qu'on reçoit. Le titre représente le péril ; le nom désigne le salut[1]. »

1. Sermon 340, 1, cité par Vatican II, *Lumen Gentium* 32.

Quelques textes de la Tradition

Les récits d'ordination

Les très nombreux récits d'ordination, datant du IIIe au VIe siècle inclus, auxquels on renvoie sans pouvoir les citer ici, montrent qu'aucun de ces chrétiens ne se sentait appelé intérieurement à exercer un ministère. Tous, à l'exception d'Ambroise de Milan, refusaient cette perspective et ne consentaient à obéir à leur élection par le peuple que sous la contrainte, plus d'une fois physique (par ex. saint Martin de Tours), parce que *vox populi, vox Dei* (la voix du peuple est la voix de Dieu[1]). Voici comment saint Augustin raconte lui-même son ordination comme prêtre, Sermon 355, 1, 2 (PL 39,1569) [détails dans la Vie d'Augustin 4, par Possidius] :

« J'étais venu visiter un ami (à Hippone), en toute tranquillité d'esprit puisqu'il y avait déjà un évêque en cette ville [...]. On me ligota et on me poussa devant l'autel, et à la demande du peuple qui criait, je fus fait prêtre et plus tard évêque. »

1. On les trouvera dans les ouvrages cités, *supra*, n. 6. On ne saurait objecter que ces récits concernent des évêques car ceux-ci sont souvent, surtout en Orient et en Afrique du Nord, l'équivalent des curés d'aujourd'hui, souvent parmi les notables laïcs, surtout aux origines.

Textes de spiritualité exhortant au refus d'être ordonné

La règle de saint Pacôme, première règle des moines égyptiens, leur interdit l'ordination. Classiquement, les moines doivent fuir les femmes et les évêques (de peur d'être ordonnés). Saint Jean Chrysostome et saint Grégoire de Nazianze ont écrit chacun un traité pour encourager la fuite devant l'ordination. Le pouvoir civil partage cette attitude, *cf.* Code de Justinien 1, 3, 30, 4 et 5 : « Assurément est indigne du sacerdoce, celui qui n'a pas été ordonné malgré lui. » Encore au XIIe siècle, spiritualité identique en Occident : « un moine ne peut être ordonné prêtre que sous la contrainte », lit-on dans un débat entre un moine de Cluny et un autre de Cîteaux. Plus généralement, selon Jean de Salisbury (*Policraticus* VII,20 ; PL 199,687) : « est indigne d'être prêtre celui qui n'a pas été ordonné sous la contrainte ».

[À partir du moment où les évêques par décret de l'empereur Justinien devront être célibataires pour éviter la dilapidation du patrimoine ecclésial par héritage, on devra les choisir parmi les moines.]

Textes normatifs

Catéchisme romain (dit du concile de Trente), III, de l'ordre 3

« Ceux-là seuls sont appelés par Dieu qu'appellent les légitimes ministres de l'Église. Voici comment Dieu parle des présomptueux qui s'ingèrent et s'introduisent d'eux-mêmes dans le ministère : "Je n'envoyais point ces prophètes et ils couraient, Jr 23,21" »

Saint Pie X, Décision cardinalice approuvée en forme spécifique (*Acta Apostolicae Sedis* 4, 1912, p. 425).

« 1°) Nul n'a jamais aucun droit à l'ordination, antérieurement au libre choix de l'évêque ; 2°) La condition qu'il faut examiner du côté de l'ordinand, et qu'on appelle vocation sacerdotale ne consiste nullement, du moins nécessairement et en règle ordinaire, dans un certain attrait intérieur du sujet en invites du Saint-Esprit à embrasser l'état ecclésiastique ; 3°) mais au contraire, pour que l'ordinand soit régulièrement appelé par l'évêque, rien de plus n'est exigé de lui que l'intention droite unie à l'idonéité. »

Code de droit canonique de 1983, canon 1026

« Il est absolument interdit à quiconque, de quelque manière et pour quelque raison que ce soit, de contraindre quelqu'un à recevoir les ordres. »

[On stipule ainsi la nullité d'une ordination faite contre le gré du sujet, alors que dans l'Antiquité était nulle une ordination faite contre le gré de l'Église avec l'assentiment éventuel du sujet.]

III

Le pouvoir sacerdotal doit être compris, selon la grande Tradition, comme un ministère de l'unique sacerdoce du Christ

De nos jours, la manière dont les pouvoirs sacerdotaux peuvent être compris est très vraisemblablement l'une des sources principales dont le cléricalisme se nourrit, notamment à travers la sacralisation excessive de leurs détenteurs. On rencontre souvent, même dans des documents magistériels, d'autorité diverse, une présentation de ces pouvoirs qui les exalte d'une manière inconnue de la tradition la plus ancienne.

L'existence de deux sacerdoces, celui des fidèles et celui des prêtres, d'essence essentiellement différente, est le nœud de ces affirmations. Le droit canon envisage le sacerdoce ministériel à partir du caractère sacerdotal reçu dans l'ordination[1]. Ce

1. *Cf.* le canon 1008 : « Par le sacrement de l'Ordre, d'institution divine, certains fidèles sont constitués Ministres sacrés par le caractère indélébile [...] pour remplir en la

caractère fonde une capacité exclusive à agir en la personne du Christ-Tête, notamment dans l'absolution et la célébration du sacrifice de la messe pour les fidèles. Il est conçu comme une marque indélébile, que les intéressés ne peuvent jamais perdre et qui leur permet d'exercer, en toute autonomie[1], les pouvoirs reçus, quelles que soient les vicissitudes de leur vie chrétienne[2].

C'est là une problématique qui ne s'est constituée qu'au XIIIe siècle, quand on a appliqué les catégories aristotéliciennes de causalité à la théologie des sacrements. La tradition ancienne situe le pouvoir des prêtres dans leur qualité de pasteurs présidant l'assemblée d'un peuple tout entier sacerdotal. Elle ignore l'idée que les prêtres disposeraient d'un pouvoir inhérent à leur personne, dont ils useraient à leur gré, hors de ce contexte, et

---

personne du Christ Chef les fonctions d'enseignement, de sanctification et de gouvernement. »

1. Par exemple, célébrer de façon solitaire le sacrement de l'unité ecclésiale qu'est l'eucharistie, *cf.* le canon 906.

2. C. Vogel résume ce droit en vigueur comme suit : « L'évêque ou le prêtre, même excommuniés, déposés de leurs fonctions, interdits, suspens *a divinis*, hérétiques, schismatiques, apostats, indignes, posent des actes sacrés authentiques (ainsi par exemple les ordinations ou l'eucharistie) pourvu qu'ils aient l'intention de faire ce que fait l'Église », *Ordinations inconsistantes et caractère inamissible*, Torino, Bottega d'Erasmo, 1978, Avant-propos.

qui serait d'une nature essentiellement différente de celui existant fondamentalement chez tous les baptisés. Il s'impose de vérifier ce point dans le cas majeur que représente la célébration de l'eucharistie, en recourant aux textes de l'Écriture, au langage des célébrations et du droit liturgique, et aux commentaires des Pères de l'Église.

I. L'Église ancienne confie la présidence de l'eucharistie à ceux qui président à la vie de l'Église par ordination, et non sur le présupposé d'un sacerdoce spécial

Selon le Nouveau Testament, il n'y a qu'un unique sacerdoce, celui du Christ, et le peuple de Dieu est sacerdotal.

Selon l'épître aux Hébreux, le Christ a offert « une fois pour toutes » le sacrifice qui réconcilie Dieu et les hommes ; il est devenu ainsi notre grand prêtre permanent, mettant fin à tous les sacerdoces et à tous les sacrifices, étant de ce fait « l'unique médiateur entre Dieu et les hommes » (1 Tm 2,5-6). Le sacerdoce revient au Christ seul[1].

1. Sur cette compréhension de l'épître aux Hébreux, voir (le cardinal) A. Vanhoye sj, *Prêtres anciens, prêtre nouveau selon le Nouveau Testament*, Paris, Seuil, 1980.

Un second enseignement du Nouveau Testament est aussi fondamental : le peuple de Dieu est un peuple de prêtres au milieu des nations par sa vie en justice et sainteté et il a un accès direct à Dieu dans le sacerdoce actuel du Christ. Mais l'idée que chaque chrétien serait personnellement prêtre au sens du sacerdoce n'est exprimée nulle part. Les ministères nombreux et variés dans l'Église ne sont pas situés dans la ligne du sacerdoce mais dans celle des charismes de l'Esprit pour présider l'Église.

Le ministère ordonné dans l'Église se situe directement comme une présidence pastorale des communautés chrétiennes, ce qui implique la présidence des sacrements qui construisent l'Église.

Présidence de l'Église locale et présidence de son eucharistie

Une phrase de la commission théologique centrale de Vatican II éclaire bien la question posée : « Dans l'Église primitive, les prêtres présidaient l'eucharistie parce qu'ils présidaient l'Église[1]. » Il faut comprendre ainsi que les ministres qui sont ordonnés le sont d'abord pour être à la tête d'une communauté chrétienne : ils ont la

1. *Schema constitutionis de Ecclesia*, Relation sur le n° 28, Jimenez, 1964, p. 25.

charge de la présider (ce qui implique d'assurer ses liens avec les autres communautés) et de veiller en premier lieu à la juste transmission de l'Évangile ; ils reçoivent aussi, de ce fait même, la charge de présider à la prière de l'Église. Leur qualification sacerdotale n'est pas le préalable à leur présidence. C'est leur présidence à la vie de l'Église qui implique leur rôle liturgique, sans que celui-ci, malgré le vocabulaire sacerdotal qui le désigne, requière un sacerdoce différent en essence de celui des autres chrétiens qui célèbrent en corps.

La lecture attentive des principaux textes antérieurs au IVe siècle concernant la célébration de l'eucharistie conduit à cette conclusion[1]. *L'Apologie de saint Justin* (vers 150) parle des présidents de l'eucharistie, sans connotation sacerdotale. Tertullien (vers 230), dans une œuvre de sa période catholique, affirme même qu'en cas de nécessité, les laïcs peuvent célébrer, récusant donc qu'un sacerdoce spécifique soit requis : « Là où ne siège pas un corps de ministres ordonnés, toi, laïc, tu célèbres l'eucharistie et tu baptises et tu es toi-même ton propre prêtre, car là où il y a deux ou trois fidèles, là il y a une Église, même si ce sont trois laïcs [...]. Tu as la capacité d'assumer les

1. *Cf.* Hervé Legrand, “La présidence de l'Eucharistie selon la tradition ancienne”, *Spiritus*, 18, 1977, p. 409-431.

pouvoirs sacerdotaux en cas de nécessité[1]. » Une telle affirmation, bien qu'isolée, dévoile l'équilibre ancien.

Le droit liturgique

Le recours à la tradition canonique se révèle bien plus probant, sur le fait que, sans ordination « sacerdotale », on peut, en cas de nécessité, exercer un ministère « sacerdotal ». Celle qui remonte à la *Tradition apostolique* d'Hippolyte 9 prévoit en effet :

« Si un confesseur a été arrêté pour le nom du Seigneur, on ne lui imposera pas les mains pour le diaconat et le presbytérat, car il possède l'honneur de la prêtrise de par sa confession. »

Dans cette ligne, le canon d'Hippolyte va encore plus loin : « Si l'esclave de quelqu'un a enduré un châtiment à cause du Christ, celui-là est presbytre pour le troupeau. L'évêque omettra donc la partie de la prière qui concerne l'Esprit Saint. » Il ne reçoit pas une place honorifique dans l'assemblée, car il est prêtre pour le troupeau, c'est-à-dire qu'à l'époque, il pouvait présider l'eucharistie, sans l'imposition des mains et l'épiclèse, essentielles à l'ordination. C'est d'autant plus notable que les

1. *Exhortation à la chasteté,* 7, 3-4, coll. « Sources chrétiennes », n° 319, p. 493-494.

esclaves sont exclus de tout ministère, à l'époque comme tout au cours de l'histoire.

Le langage liturgique

Rien dans le langage liturgique ne révèle une spécificité sacerdotale dans la présidence de l'eucharistie. Une étude systématique du verbe « célébrer » dans toute la liturgie romaine révèle que ce verbe a toujours pour sujet l'assemblée et on n'attribue donc pas au célébrant principal un sacerdoce différent de celui des autres chrétiens[1]. Est-ce que celui-ci ferait un sacrifice qu'il offrirait spécifiquement et à la place des autres membres de l'assemblée ? Non, dans son étude des commentaires théologiques du haut Moyen Âge, R. Schulte arrive à la conclusion qu'il y a « plein accord pour attribuer l'offrande du sacrifice, non au prêtre mais à l'Église. Ce point est au-dessus de toute controverse ; on n'éprouve aucun besoin d'y insister ou de le défendre[2]. » Pour sa part, R. Berger a étudié le sens de l'expression « ils t'offrent eux-mêmes ou nous t'offrons pour eux[3] ». Elle ne signifie pas

1. *Cf.* Benedicta Droste, « *Celebrare* » *in der römischen Liturgiesprache*, München, 1963, spécialement p. 73-80.

2. *Cf.* Raphael Schulte, *Die Lehre frühmittelalter Autoren über das eucharistische Opfe*r, Munster, 1959.

3. *Cf.* Rupert Berger, *Die Wendung « offere pro in die römische Liturgie »*, Munster, 1965.

« à la place des laïcs » qui y seraient inaptes mais qu'ils sont absents. Il remarque aussi que l'addition « nous offrons pour eux » sera utilisée bien plus tard pour souligner le « pouvoir consécratoire des prêtres » et le distinguer de l'offrande des fidèles, ce que Vatican II a refusé[1].

C'est l'assemblée en corps qui célèbre l'eucharistie

De la perspective du premier millénaire, on trouve encore un témoignage au milieu du XIIe siècle chez le bienheureux Guerric d'Igny : « Le prêtre ne consacre pas tout seul, ne sacrifie pas tout seul, mais toute l'assemblée des fidèles consacre et sacrifie avec lui[2]. » Cette théologie est aussi celle de l'Orient. Si on la récusait, il faudrait conclure qu'un évêque syrien oriental ne célèbre plus jamais la messe à partir du lendemain de son ordination car il n'ira plus à l'autel, se contentant d'y envoyer un simple prêtre qui, seul, y prononcera le canon de la messe[3]. Dans le rite byzantin,

1. Cf. *Presbyterorum ordinis, Expansio modorum*, p. 22-23 : « Ce sont les fidèles eux-mêmes qui offrent. »

2. *Sermon* 5, PL 185,57.

3. *Cf.* Alphonse Raes sj [professeur à l'Institut pontifical oriental à Rome], « La concélébration eucharistique dans les rites syriens orientaux », *La Maison-Dieu*, n° 35, 1953, p. 25-27.

saint Jean Chrysostome tient le même langage que Guerric d'Igny : « La prière eucharistique nous est commune. Le prêtre n'eucharistie pas seul, mais le peuple avec lui, car il ne commence qu'après avoir accueilli l'accord des fidèles[1]. » Il précise ailleurs : « Quand vous avez répondu au prêtre "et avec ton Esprit", vous comprenez que ce n'est pas lui qui opère quoi que ce soit, mais que c'est la grâce de l'Esprit (épiclèse), survenant et couvrant tout de ses ailes, qui accomplit le sacrifice eucharistique. Sans la présence de l'Esprit, l'Église n'existe pas[2]. » Bien qu'en Occident on ne situe pas le moment de la consécration à l'épiclèse, mais au prononcé des paroles du Christ, on s'abstient d'attribuer leur effet au pouvoir du prêtre, au moins jusqu'au XIIIe siècle[3].

La vive conscience du statut épiclétique des sacrements aurait très probablement maintenu une doctrine moins focalisée sur le pouvoir sacerdotal en Occident.

---

1. Sur 2 Co 18,3, PG 61,527.

2. Sur la Pentecôte, hom. 1,4 ; PG 50,458-459.

3. Saint Ambroise, tout en fixant le moment de la consécration, refuse clairement de l'attribuer au pouvoir du prêtre, *Des sacrements* IV,14, coll. « Sources chrétiennes », n° 25 *bis* : « Le prêtre ne se sert pas de ses propres paroles, mais il se sert des paroles du Christ. C'est donc la parole du Christ qui effectue ce sacrement. »

II. Une clarification complexe mais utile : tous sont prêtres et tous ont besoin d'actions sacramentelles faites en leur faveur par un ministre au nom du Christ

Le premier et le second millénaire ont en commun de n'avoir jamais minimisé la nécessité du ministère sacerdotal. Personne, en effet, ne peut se baptiser lui-même, se remettre ses propres péchés, célébrer l'eucharistie de façon solitaire, etc., car personne ne peut se sauver lui-même. Il faut que la grâce, comme don, vous soit manifestée par un tiers. L'action en la personne du Christ, *in persona Christi*, est la définition du ministère sacerdotal dans la rencontre de deux chrétiens (au minimum) dont l'un dit Amen à l'autre dans la communion du Saint-Esprit. À cet égard, les quinze siècles qui ont précédé le concile de Trente sont instructifs car, durant ce temps, presque tous les sacrements ont pu avoir des laïcs pour ministres en cas de nécessité, qu'il s'agisse du baptême, de la confession aux laïcs, du sacrement des malades, comme le prouve l'histoire de l'Église. Le cas du baptême est familier à tous et particulièrement éclairant. Dans le baptême, qui fait entrer dans la communauté de salut, une chrétienne n'exerce-t-elle pas ministériellement le sacerdoce du Christ, sans différence aucune avec ce que ferait un prêtre ?

Privilégier le concept de ministère par rapport à celui de sacerdoce est très bénéfique doctrinalement

La catégorie de ministère est plus adéquate que celle de deux sacerdoces pour expliquer la réservation de la présidence des sacrements à ceux qui, par ordination, président à la vie de l'Église. Cette catégorie rend compte également de la possibilité reconnue aux laïcs de poser des actes du ministère sacerdotal, en cas de nécessité.

Cette catégorie permet de dépasser le vocabulaire de Pie XII qui utilise le même mot pour désigner le ministère sacerdotal et la hiérarchie. Elle évite une autre confusion : désigner le ministère ordonné par sa dimension liturgique, ce qui lui subordonnerait ses deux autres dimensions, plus spécifiques, le ministère de la Parole et le pastorat, comme Vatican II l'a rappelé.

Enfin, ecclésiologiquement, le recours à la catégorie de ministère sera très bénéfique. On donne ainsi la priorité aux tâches du ministère auxquelles les personnes doivent correspondre, ce qui n'est pas toujours le cas[1]. On évite ainsi que les sacrements soient vus comme une quasi-propriété des prêtres, ayant leur pleine consistance, sans que

1. C'est ainsi, par exemple, qu'on remanie pour ce motif la carte des paroisses en fonction des prêtres disponibles.

les fidèles répondent ou pas aux exhortations à participer à ce qui est fait pour eux[1]. Plus bénéfique encore, elle relativisera l'enseignement de Trente dont la portée exacte est la non-réitération du sacrement de l'Ordre quelles que soient les vicissitudes de la vie chrétienne des personnes ordonnées, ce qui donne lieu à des représentations erronées, malheureuses pour les prêtres eux-mêmes et nourrissant le cléricalisme. Citons la différence ontologique d'avec les laïcs, le prêtre un autre Christ, image du Christ[2], le Christ lui-même[3], prêtre pour l'éternité, époux de l'Église (et pas seulement « ami de l'époux »), et aussi « représentant du Christ-Tête », ce qui est immédiatement vrai dans l'accomplissement de certains actes sacramentels, mais se vérifie de façon plus

1. *Cf.* Pie XII, encyclique *Mediator Dei* : « Toutes les fois que le prêtre renouvelle [*sic*] ce que le divin Rédempteur accomplit à la dernière Cène, le sacrifice est vraiment consommé. Et ceci se réalise, sans aucun doute – soit que les fidèles y assistent soit qu'ils n'y assistent pas – n'étant requis en aucune manière que le peuple fidèle ratifie ce que fait le ministre sacré », AAS 39, 1947, p. 557.

2. Ce genre de langage ne saurait être sous-estimé comme le montrent les 320 pages de reproductions picturales rassemblées par S. Heidemann, *Le prêtre image du Christ*, Paris, L'Œuvre, 2009 ; livre disponible aussi en anglais et en italien.

3. *Cf.* Cardinal Sarah, *Des profondeurs de nos cœurs*, Paris, 2020, p. 132 : « Le prêtre n'est pas seulement un autre Christ, il est le Christ lui-même. »

aléatoire dans le magistère et le gouvernement de l'Église. Plus généralement, l'idée que l'ordination ne serait pas seulement une grâce pour autrui et pour l'Église, mais qu'elle augmenterait dans les prêtres la grâce du baptême, qu'ils ont en commun avec les laïcs, est malheureuse en sapant la réalité du baptême comme fondement de la sainteté pour tous[1]. Il faut encore mentionner qu'un pouvoir lié à un caractère efficace dans n'importe quel contexte peut favoriser les superstitions et les abus. Cette énumération permet de mesurer combien la fidélité à la Tradition, pour aussi souhaitable qu'elle soit, demandera du temps et beaucoup d'efforts.

Conclusion

Le pape François a signalé, plus d'une fois, que la délinquance sexuelle de certains prêtres révélait une crise systémique dont l'une des clés est une conception erronée des pouvoirs sacerdotaux. Elle a nourri un cléricalisme qu'il faut corriger en revisitant la théologie des ministères. La tradition nous aide à remettre en valeur le concept de

1. Idée malheureusement enseignée par des dogmaticiens de renom comme Mgr Schmaus de l'université de Munich, *Katholische Dogmatik*, IV, 1, § 284, Munich, 1957, « L'ordination renforce la participation à la vie de la Trinité et augmente la grâce sanctifiante. »

ministère, particulièrement celui de pastorat, de présidence à la vie de l'Église. Elle nous demande aussi d'être moins centrés sur « l'identité sacerdotale », comme on l'a été à l'époque moderne, pour être plus résolument centrés sur le service de l'Évangile et de ceux auxquels les prêtres sont envoyés.

IV

La fraternité chrétienne, dépassement de la hiérarchisation entre femmes et hommes dans l'Église

La fraternité chrétienne, dépassement de la hiérarchisation entre femmes et hommes dans l'Église

Toutes les cultures connues jusqu'ici, y compris les sociétés matrilinéaires, ont donné la priorité aux hommes sur les femmes, de façon variée. L'homme masculin était considéré comme l'humanité exemplaire, la femme étant pour lui une aide, un complément, et la mère de ses enfants, mais jamais son égale familialement et socialement, elle restait confinée à la vie privée. C'est ainsi qu'on peut décrire l'androcentrisme.

Désormais, cet androcentrisme ne va plus de soi nulle part en Occident. Les statuts féminins et masculins sont en train de s'égaliser, car la médecine a allégé le rôle maternel des femmes, le travail salarié leur a assuré l'indépendance financière, et l'instruction l'autonomie intellectuelle. Autant de facteurs qui assurent que les transformations en cours sont bien plus solides que les idées à leur sujet.

Pour autant, cette égalité, désormais concurrentielle, n'est pas toujours heureuse, au vu des violences physiques et psychiques, que subissent les femmes[1]. Les relations mutuelles en redéfinition s'accompagnent de troubles émotionnels et déstabilisent les personnes, y compris les hommes. Des lois sociétales récentes produisent les mêmes effets dans la culture et en politique.

L'Église aussi est soumise aux questionnements. En particulier, elle n'écouterait pas assez les femmes et resterait très masculine dans l'ensemble de ses structures : elles en sont absentes ou y sont invisibles. Dans un tel contexte, l'accent que le pape François souhaite mettre sur la fraternité dans l'Église et la société arrive à point nommé. Mais ici encore l'Église ne saurait faire entendre son message sans se transformer

1. On n'ignore plus #MeToo ni les violences que les femmes subissent : 77 000 femmes sont violées chaque année en France, 215 par jour, une toutes les six minutes, alors que le taux de déclaration reste en dessous de la réalité (https://www.egalite-femmes-hommes.gouv.fr/)

elle-même. Si elle veut aussi aider dans cette situation, il faut qu'elle se souvienne activement de l'abolition de toute hiérarchisation parmi ses disciples. Il est utile d'établir ce point (I), de comprendre les raisons pour lesquelles, on s'en est éloigné (II). Dans l'important chantier qu'on est invité à ouvrir, on ne pourra mettre l'accent que sur une seule exigence réflexive (III) et l'on finira par énumérer quelques pistes pratiques (IV).

I. Jésus a délibérément ignoré la hiérarchie entre hommes et femmes parmi ses disciples

Jésus reste étranger au patriarcalisme et à l'androcentrisme de l'Ancien Testament

Dans la société patriarcale juive, la femme avait un statut juridique de mineure perpétuelle, soumise à son père puis à son mari, dans un modèle familial admettant la polygamie et la répudiation (Dt 24,1-4) : « *Si elle ne marche pas au doigt et à l'œil, sépare toi d'elle et renvoie-là* », lit-on dans Si 25, 26. Son statut économique était très précaire : veuve, elle n'hérite pas de son mari (Nb 27, 8 sv.), d'où la loi du lévirat qui en fait l'épouse de son beau-frère, si elle n'a pas de fils ; statut qui se dévoile par les recommandations insistantes d'aider les veuves, à l'instar des orphelins et des étrangers.

D'une part, Jésus va écarter ses disciples de tout patriarcalisme ; assez résolument pour demander à ceux qui se mettent à sa suite ne pas même dire au revoir à leur père (Lc 9, 61), ni même d'enterrer au préalable leur père mort (Mt 8, 21-22 ; Lc 9, 50-60).

D'autre part, Jésus ne considère pas que les femmes qui le suivent sont un cas spécial d'humanité. Il ne les renvoie jamais à la figure d'Ève : ce sont pour lui des « *filles d'Abraham* » (Lc 13, 16), comme les hommes. Très présentes dans son langage, il ne les identifie jamais non plus à leur rôle conjugal ou maternel ; dans le mariage, elles ont un statut égal à celui de l'homme, au point que les disciples s'exclament que, dans ce cas, « *mieux vaut ne pas se marier* » (Mt 19, 10). Il entre tout naturellement en contact avec les femmes, ce qu'un juif pieux s'interdisait : c'est ainsi qu'il ignore l'impureté légale de l'hémorroïsse, parle avec la Samaritaine, — ce qui étonne les apôtres —, et laisse une pécheresse lui essuyer les pieds de sa chevelure. Plusieurs noms de ses disciples ont été conservés ; certaines se voient confier, avant les apôtres, l'annonce de sa Résurrection, alors que leur témoignage n'avait pas de valeur légale en Israël. Au plan du salut, rien ne distingue les femmes des hommes : pour elles comme pour eux, il s'agit d'écouter la parole de Dieu, de la garder et de suivre le Maître.

Dans l'institution du groupe des Douze, Jésus aurait-il traité les hommes différemment des femmes ? Cet acte symbolique a une tout autre signification : Jésus annonce ainsi qu'il vient rassembler les douze tribus jusqu'alors divisées. De plus, en attribuant à ces Douze le rôle de juges eschatologiques (“*Ils siégeront sur les douze trônes*”, Lc 22, 30), il entend souligner que le Jugement aura pour critère l'attitude prise par rapport à sa personne et à sa parole. Ce geste symbolique aurait perdu tout son sens si Jésus avait inclus dans le groupe une femme, ou un samaritain d'ailleurs. Aucun évangéliste, aucun auteur du Nouveau Testament n'a compris ce geste comme portant sur le genre masculin des Apôtres.

Aucune hiérarchie de genre parmi les disciples au début du christianisme

Dès les débuts du christianisme, les femmes sont considérées comme spirituellement équivalentes aux hommes. Elles entrent dans l'Église par le baptême, tout comme les hommes, — alors que seuls ceux-ci portaient en leur chair le signe de l'Alliance, la circoncision —, ce qui fait dire à saint Paul : « il n'y a plus l'homme et la femme »

(Ga 3, 27-28). Elles bénéficient des dons de l'Esprit tout comme les hommes et prophétisent dans l'assemblée, à condition d'être voilées. C'est un signe de l'accomplissement de l'Alliance (Ac 2, 16-18, citant Joël 3, 1-5). Dans la mission auprès des pagano-chrétiens, elles sont très actives : en Rm 16, par ex., Paul mentionne neuf femmes parmi ses collaborateurs, soit près de la moitié ; l'une porte le titre de diaconesse et l'autre d'apôtre.

II. L'ambivalence au sujet des chrétiennes, — qu'on reconnaît équivalentes aux hommes au plan spirituel, mais subordonnées au plan social-a eu des raisons missionnaires

Paul n'est pas coupable

On ne doit pas à saint Paul l'attribution d'un statut ambivalent aux chrétiennes. Le passage d'I Co 14,34-35 : « Que les femmes se taisent dans les assemblées, car il ne leur est pas permis de prendre la parole ; qu'elles se tiennent dans la soumission comme la Loi elle-même le dit », est une insertion tardive, d'une autre main[1] . La

1. Les preuves en sont : des manuscrits importants omettent ce passage ; il rompt le développement ; dans sa théologie Paul ne se réfère pas à la Loi et il se contredirait ici car il leur permet de parler si elles se couvrent la tête, cf. ch.11 v.7 .

prescription de I Tm 2, 11-14 n'est pas de Paul non plus : « Je ne permets pas à la femme d'enseigner ni de gouverner l'homme. C'est Adam, en effet, qui fut formé le premier. Ève ensuite. Et ce n'est pas Adam qui fut séduit, mais la femme qui, séduite, tomba dans la transgression»[1]. Le vrai Paul, lui, se félicitait du ministère des femmes au ch. 16 de l'Épître aux Romains. Il en nomme une dizaine sur 23 ; il y manifeste sa haute estime pour Prisca, catéchète d'Apollos ; donne le titre d'apôtre à Junie et celui de diacre à Phébé.

La subordination des chrétiennes a été acceptée pour rayonner en milieu

La fraternité sans hiérarchie entre esclaves et hommes libres, entre femmes et hommes, telle qu'elle s'exprime dans l'épître aux Galates et dans les communautés pauliniennes, comportait deux grands risques dans leur environnement social. D'abord, celui de leur faire perdre leur respectabilité aux yeux des païens, choqués de voir des femmes en cheveux prophétiser ou parler en langues devant des hommes. Ensuite, ces mêmes païens, inquiets de voir les esclaves et les femmes se convertir à cette religion égalitaire, pouvaient

1. On constate que l'auteur, ne pouvant se rapporter à Jésus, se réfère à la figure mythique d'Ève.

y voir une menace potentielle pour l'ordre social, voire trouver séditieuses de telles communautés.

Pour des raisons apologétiques et missionnaires, ces communautés vont adopter de plus en plus l'éthos androcentrique du monde gréco-romain qui règle, en un code ternaire, les devoirs des habitants d'une même maison : l'ordre et la décence y règnent quand les esclaves sont soumis aux maîtres, les enfants aux parents et la femme à son mari. On constate que ces codes, christianisés par la référence au Seigneur, se voient proposés de plus en plus normativement selon la chronologie des textes (Col 3, 18-4, 1 ; Ep 5, 21-69 ; I P. 2, 18-3, 7 ; Tt 2, 3-10 ; I Tm 2, 11-15).

Le dernier texte mentionné, en excluant les chrétiennes de toute parole publique et de tout exercice de l'autorité chrétienne, a eu comme conséquence inéluctable de réintroduire une hiérarchie entre femmes et hommes et de les exclure de tout ministère. Ne peut-on pas en conclure que les raisons de l'exclusion des femmes des ministères sont celles-là mêmes qui devraient les y inclure aujourd'hui ? On les avait exclues pour éviter que les païens ne se moquent de nous mais, aujourd'hui, c'est leur exclusion qui provoque la moquerie des païens. On respecterait ainsi l'intention originelle. Toutefois, l'ordination des chrétiennes, constamment soulevée dans l'opinion publique, ne sera pas en elle-même, un remède à l'androcentrisme, car elle n'est qu'une émergence du problème bien plus profond de la hiérarchie entre les genres dont la validité en christianisme est si souvent exprimée, alors qu'on n'en trouve pas trace dans l'Évangile.

III. Un exigence de méthode s'impose surtout aux théologiens et au magistère : conjuguer les lectures historique et symbolique des textes relatifs à la question

Le risque est vite encouru de laisser les lectures symboliques se dégrader en stéréotypes. Un exemple pour éclairer ce dont il s'agit. Une revue de spiritualité conjugale consacrait ,il y a 65 ans, un numéro spécial à la femme, dont le titre s'étale sur la page de garde : *Le destin de la Femme d'Ève à Marie*[1]. Aujourd'hui, on ne se le permettrait plus, parce qu'on y discernerait immédiatement l'ambivalence masculine vis-à-vis des femmes[2]. En effet, si le destin de la femme se situe en ces deux figures, cela permet de situer les femmes réelles à la fois très haut, sur un piédestal (la Vierge Marie) et, en même temps, très bas, comme un

1. *L'anneau d'or*, n° 57-58, 1954.

2. De fait, les dix articles doctrinaux qui traitent le sujet sont écrits par des hommes.

instrument de perdition (Ève). À partir de là se valide un discours mythique sur la femme comme « celle qui peut tout perdre et tout sauver ». Mais qui ne voit combien une telle imagerie peut être destructrice dans les relations réelles entre les hommes et les femmes. Ces dernières ne sont ni des « Sainte Vierge », ni des instruments de perdition. Elles sont tout simplement aussi humaines que les hommes, aussi ambivalentes, ni meilleures ni pires qu'eux et dans un mariage, c'est l'un et l'autre qui sauvent ou perdent leur vie de couple.

Bien entendu, des femmes entrent dans ce même jeu, en soustrayant les symboles à leur émergence sociale et à leur impact sur la société. C'est le cas de Gertrud von Le Fort quand dans un livre, intitulé *La Femme éternelle,* elle intitule encore l'un de ses chapitres *La Femme hors du temps.* Des théologiens comme Louis Bouyer ou de H. U. von Balthasar, mais aussi le pape Jean-Paul II parleront aussi de la Femme en termes d'ontologie phénoménologique et d'archétype, une méthode qui a encore bien des représentants[1].

---

1. C'est ainsi qu'on peut lire sous la plume du Cardinal Müller, premier préfet du pape François à la Congrégation pour la doctrine de la foi « Celui qui est ordonné prêtre est un signe, en sa personne et sur le fondement de sa nature(dans sa relation signifiante comme homme vis-à-vis de la femme et avec sa capacité à être père) par lequel le Christ agit comme grand 'prêtre dans la vie de son Eglise [...] Être

Laissons ces discours savants mais constatons qu'ils favorisent des stéréotypes savants mais assez répandus, jusque chez Paul Claudel[1] ou Jean Guitton[2] . Cela ne saurait favoriser la fraternité.

IV. « Quelques devoirs à faire à la maison »

La première urgence : donner la parole aux femmes. Le discours sur les femmes a été si abondant tant du côté des théologiens et du côté du magistère, qu'il n'est nul besoin d'ajouter quoi que ce soit pour les écouter[3].

---

homme masculin est ancré dans la théologie de la création, dans la dualité de sexes qui lui fait représenter le Christ dans sa réalité d'époux de l'Eglise, dans *Frauen in der Kirche*. Würzburg, 1999, pp. 278-356.

1. « L'homme est le prêtre, mais le privilège de la femme c'est le sacrifice ».

2. Dans ses conversations avec Paul VI, il restitue l'échange suivant (invérifiable) : « La femme ne peut être prêtre ; elle ne sacrifie pas ; mais la femme peut être victime » ; Guitton répond « Victime oui, oblation, immolation constante ». Paul VI continue : « A la femme aussi, l'immense royaume du silence ». Ce sont évidemment des stéréotypes impensés, ne relevant pas du registre de la parole personnelle.

3. On vient de loin, ainsi le cardinal Merry del Val, secrétaire d'État de Pie IX, au début du XXe s. ordonnait :

Il est nécessaire de développer la culture historique. L'anachronisme avec lequel on traite l'histoire de l'Église et des femmes est aussi irritante que si l'on reprochait à l'Église de ne pas avoir suscité de mouvement en faveur de la démocratie au siècle de Louis XIV[1], ignorant ainsi la faiblesse des idées dans le cadre des transformations sociales.

Il faut toujours viser femmes et hommes ensemble. D'autant plus que certaines formes de féminisme peuvent mettre en cause la collaboration (fût-elle tendue) entre hommes et femmes, qui fait partie de la vocation chrétienne. On n'y pense guère : ainsi la commission de révision du Code de droit canonique ne comportait aucune femme. On sépare encore servants et servantes d'autel. En catéchèse, le recours aux hommes est capital pour les garçons. En revanche les chrétiennes votent désormais sans problème dans le synode diocésain.

« On ne donnera jamais la parole aux femmes, aussi respectables et pieuses soient-elles. Si quelquefois les évêques estimaient opportun de permettre des réunions de telles femmes, elles parleront sous la présidence et la surveillance de graves personnages ecclésiastiques »' *Acta Sanctae Sedis* 37 (1905) 21

1. Un exemple : au XVIIe s. Poulain de la Barre avait réfuté toutes les objections faites à l'ordination des femmes (*De l'égalité de sexes*, Paris, 1673), mais l'Église Réformée a attendu le milieu du XXe s. pour y procéder. Cela fait expérimenter l'épaisseur de l'histoire.

*Enfin, en toute volonté de transformation, ne jamais laisser croire que les femmes sont un problème p*our l'Église[1], car le problème est leur juste partenariat.

Le critère ultime devra être : aucune situation ecclésiale ne doit laisser croire que Dieu traite de façon inégale les femmes et les hommes, car le vrai Dieu en fait des frères par adoption et leur accorde l'égalité dans l'espace du salut, de la grâce et de sa manifestation.

*

* *

Fratelli tutti : l'encyclique du pape François nous ramène à la source de notre fraternité, à la Bonne Nouvelle toujours neuve de notre

1. La corporation théologique, protestante comme catholique, reste masculine. Elle garde le silence sur la masculinité a beaucoup à dire sur la femme : la *Theologische Realenzyklopädie* (Berlin-New York, 1992) consacre moins de cinq pages à *Mann* (homme) et alloue douze fois plus d'espace à *Frau* (femme), soixante-quatre pages exactement. *L'Encyclopédie du Protestantisme* (Paris, 1995) consacre dix-sept pages à *Femme*, sans aucun article correspondant *homme*, *masculin*, *virilité*. Une exception catholique, le *Dictionnaire de théologie chrétienne*, Paris, Desclée, 1979, offre un article *Femme et Homme* (J. Doré)

adoption. Comment espérer faire advenir un peu plus de fraternité en notre monde, en la vivant nous-même dans la relation intime qui s'instaure entre hommes et femmes et dans notre communauté de foi ?

V

Le prix de la synodalité : un gouvernement plus ancré dans la fraternité requiert bien des apprentissages

Pour le pape François, la synodalité est un remède majeur au fonctionnement clérical et autoritaire de l'Eglise. Depuis des années, ce type de gouvernement est entré dans une crise profonde, toujours en cours, depuis qu'a été dévoilé le traitement si peu chrétien des crimes de pédophilie. L'accent que le pape met sur la fraternité dans *Fratelli tutti*, est en cohérence profonde avec la synodalité qu'il promeut. On constate effectivement que *Prov. 18-19* est le texte biblique la plus fréquemment cité pour fonder la vie synodale : « Un frère aidé par son frère est comme une cité fortifiée ». Il est suivi par Mt 18,20 : « Là où deux ou trois sont réunis en mon nom, je suis au milieu d'eux ». C'est quand les frères sont réunis qu'ils reçoivent l'Esprit Saint, à l'instar des Apôtres réunis au Cénacle. Ce lien entre l'assemblée fraternelle et l'Esprit-Saint est tout à fait originel : pour saint Irénée, « là où est l'assemblée, là aussi est l'esprit de Dieu »[1] et pour Hippolyte de Rome, l'assemblée est le lieu « où fleurit l'Esprit »[2]. Ce lien parcourt l'histoire de l'Eglise[3]. Jusqu'à nos jours, tout synode et tout concile se conçoivent comme « réunis dans l'Esprit Saint » ; c'est la première phrase de *Lumen Gentium*. La synodalité a ses racines dans l'égalité foncière de tous les baptisés ; ceux-ci sont coresponsables, avec leurs ministres, de la vie de leurs Eglises locales. Celles-ci, avec les autres Eglises, « Eglises-sœurs », ont la responsabilité de l'Eglise entière. C'est ainsi que se structure l'Eglise en tant que communion.

De ce fait, jamais l'Eglise n'a été sans conciles et sans synodes. Toutefois, dans le moment actuel de son histoire, comme le constate le pape François, même après Vatican II, bien des mentalités restent imprégnées par la dichotomie clercs/laïcs, déclinée selon les binômes gouvernants/gouvernés, enseignants/enseignés et célébrants/assistants,

---

1. *Contre les hérésies* III, 24, 1 (Sources Chrétiennes 211), pp. 474-475.

2. *Tradition Apostolique* 35 (Sources Chrétiennes 11 bis), pp. 118-119.

3. Thomas d'Aquin s'élève contre les chrétiens qui, pour trouver une réponse à leurs questions, ouvrent la Bible au hasard. Il y voit un péché, car « au lieu de chercher l'accord avec les autres, on fait ainsi injure au Saint Esprit que l'on croit fermement être présent dans l'Eglise et les assemblées » (*Quodlibet* XII, 36-35 dans l'édition de Parme).

illustrations parfaites du cléricalisme de la fin du XIXe siècle. Dès lors faut-il dire que la transformation de l'Eglise réclame une révolution copernicienne ? On dira plutôt que le gouvernement strictement vertical de l'Eglise doit s'enrichir du mouvement, légitime lui aussi, en vertu du baptême et de la confirmation qui va « de bas en haut ».

Pour passer de l'évocation de la synodalité à ses réalisations, les discours (surtout révolutionnaires) ne suffiront pas plus que des décrets (autoritaires). On y parviendra au terme d'apprentissages complexes. Sans pouvoir les énumérer tous, car la synodalité a de nombreuses formes, on en évoquera quelques-uns de ces apprentissages, requis par le renouveau du synode diocésain, mais qui sont requis de l'Eglise entière, dans le même esprit.

1. Il convient d'anticiper les réticences que peut susciter le développement de la synodalitéI

Peut-être influencés par l'ecclésiologie de la Contre-Réforme, certains catholiques voient dans la synodalité l'abandon du principe monarchique dans le gouvernement de l'Eglise, alors que selon la théologie très influente de Bellarmin, Jésus a conféré à Pierre un pouvoir de monarque absolu, dévolu également aux évêques dans leur diocèse[1]. Plus nombreux sont ceux qui craignent les dérives des régimes d'assemblée qui ne sont pas à l'abri de poussées populistes. D'autres, plus prosaïquement estiment qu'en temps ordinaire la division sociale du travail a sa place dans l'Eglise comme dans la vie sociale.

Tout en étant prêt à récuser la superficialité de telles réticences, notamment la confusion entre synodalité et démocratie, il conviendrait d'illustrer les fondements théologiques de la vie synodale, ses bénéfices pour la gouvernance de l'Eglise et son urgence pastorale.

Actuellement, en France comme dans toute l'Europe, l'Église fait face à des changements culturels accélérés, dus notamment à l'urbanisation et à la qualification culturelle plus grande des citoyens. Dans ce contexte, les modèles de gouvernance, hérités des sociétés majoritairement rurales du passé, sociétés autoritaires, peu instruites et changeant lentement, constituent manifestement un

1. Il le développe dans sa *IIIe Controverse générale* (Ed. de Venise, 1587, p.27-28). Est absolu « le régime politique où le détenteur de la puissance attachée à sa personne, concentrant entre ses mains tous les pouvoirs, gouverne sans aucun contrôle », Dictionnaire de philosophie politique, Paris, PUF 1996, p.1-8.

handicap pour la vie chrétienne. L'apprentissage d'une plus grande interactivité entre les chrétiens s'impose pour permettre une meilleure articulation entre les rôles d'« un seul », de « quelques-uns » et de « tous » car, dans ce genre de situations, chacun a quelque chose à apprendre des autres et tous ont quelque chose à apporter à l'ensemble. C'est ce que permet la synodalité. Mais valoriser les attitudes passives d'autrefois, qui passaient pour vertueuses et qui l'étaient peut-être, ne pourrait que compromettre l'avenir.

2. La vie synodale exige une créativité institutionnelle multiforme

Un synode représente la possibilité pour les « cadres » diocésains et les représentants du peuple chrétien de se concerter – laïcs en très grande majorité, mais aussi religieux et religieuses, diacres, prêtres, afin de revitaliser l'Eglise locale au service de l'Evangile. Cette entreprise ne peut pas être aussi simple que d'élire un conseil municipal et d'animer ses délibérations.

On aura notamment besoin d'investissement institutionnels que l'on tente d'énumérer :

– *rédiger une loi électorale.* Elle devra déterminer le corps électoral : quelles qualités exiger des électeurs et des éligibles ? Etablira – t-on un quota entre les sexes, entre les âges ? Quelle proportion sera pertinente entre les membres élus et les membres de droit ou choisis ?

– *établir des procédures pour encadrer les débats et les votes* : fixer les temps de parole, déterminer les quorums, prévoir les procédures d'amendements pour bâtir des consensus qu'on ne peut obtenir par des majorités simples, instituer une commission des recours, préciser le rôle des commissions et le statut des experts et des invités. Et, bien entendu, celui de l'évêque, responsable de la communion entre les Eglises, car un synode ne peut prendre de décisions souveraines[1].
– *assurer l'information de tous.* C'est capital pour que les synodaux sachent bien quels sont les problèmes et de quelles ressources on dispose pour y faire face. C'est indispensable pour éviter de discuter d'idées excellentes, mais irréalisables.

1. Un exemple : c'est pour en tenir compte que la conférence épiscopale allemande et le Comité central des catholiques ont intitulé, plus modestement, *Chemin synodal*, le vrai synode qu'ils projetaient. Ce qui ne résoudra pas le fond du problème : sans réforme générale du droit en vigueur, le pape François est-il en mesure de donner suite aux requêtes d'une Eglise particulière, sans que cela ne crée un précédent, difficilement gérable ?

- *apprendre à gérer des conflits* alors que beaucoup souhaiteront favoriser « l'unité de tous », car *négocier et faire des compromis* n'est pas une manifestation de tiédeur chrétienne.
- *Évaluer.* Dans une situation où l'on ne prévoit pas que les responsables aient des comptes à rendre, il serait précieux qu'on évalue d'un synode à l'autre les décisions précédentes. A cet égard, il serait important de rétablir la périodicité des synodes diocésains, supprimée par le Code de droit canonique promulgué par Jean-Paul II au can.461, § 1.

3. La vie synodale a des limites intrinsèques ne convenant pas aux chrétiens pressés ou les plus militants

Accepter d'avancer en corps

Il y aura toujours des chrétiens pressés dans l'Eglise, soucieux d'attitudes prophétiques. Spontanément ils ressentiront les contraintes de la vie synodale comme bureaucratiques et juridiques. Ils ne manqueront pas de se référer à saint François d'Assise qui a fait vivre l'Evangile plus qu'une dizaine de synodes, ou ils diront qu'un appel soutenu à la sainteté résoudrait les problèmes. Pourtant quand la crise est structurelle, comme ce n'est plus à démontrer actuellement, il faut aussi avancer en corps. On dit, par exemple, que Sainte Catherine de Sienne a ramené le *pape* à Rome ; soit, mais la *papauté* ne s'est pas réformée pour autant, refusant notamment de convoquer le concile, demandé par les protestants, pour traiter les maux de la Chrétienté, que l'empereur a fini par imposer. On en paie encore les conséquences cinq siècles après.

Les décisions synodales, bien que lentes, sont généralement plus fructueuses que celles prises sans participation et temps d'écoute suffisants

La plupart des décisions prises dans des synodes diocésains auraient pu l'être, et beaucoup plus rapidement, par un décret de l'évêque. Mais quand ceux qui auront à les mettre en œuvre participent à leur élaboration, le résultat est bien plus fructueux. On en a un contre-exemple dans quelques diocèses qui ont regroupé un grand nombre de paroisses en une seule, en fonction des prêtres disponibles, sans consultation suffisante des fidèles.

4. La vie synodale bénéficie d'innovations survenues dans les société contemporaines ; elle peut aussi constituer un apport pour elles

La vie synodale a reçu de la société

Les synodes diocésains actuels ont bénéficié sur trois points des apports de la société actuelle. Les laïcs y sont majoritaires, à la fois parce qu'on ne comprendrait plus qu'il en soit autrement et parce qu'il y a là une condition d'efficacité dans la société. Les femmes en sont membres, et y votent, une innovation considérable et ne respectant plus la lettre de l'Ecriture qui ne leur accorde ni parole ni autorité dans les assemblées. Cette innovation absolue témoigne d'une inculturation réussie, échappant à la critique des innovations, même de la part des Lefebvristes. Et, enfin, les chrétiens y participent à l'élaboration des lois qui les régissent, car l'évêque ne peut promulguer que les résolutions adoptées par le synode, qui seront ainsi plus aisément mises en œuvre, peut-être, que les décrets qu'il peut toujours prendre hors synode.

La vie synodale peut aussi contribuer à « l'amitié sociale » (Fratelli tutti)

Plus les chrétiens mèneront une vie synodale et plus ils seront soucieux de l'information de tous et plus ils apprécieront la prise de décision par consensus, ce qui se répercutera dans leur vie sociale, comme le pape François le souhaite dans le ch.6 de *Fratelli tutti.*

Le droit en vigueur prévoit que « toutes les questions à 'ordre du jour seront soumises à la libre discussion des membres dans les sessions du synode » (canon 465). Un des premiers bénéfices des membres d'un synode diocésain est d'accéder à l'information la plus fidèle possible sur l'état de l'Eglise, sur les défis à relever, les ressources humaines et financières dont on dispose pour y faire face ou que l'on devra trouver ; en effet, selon le droit médiéval : « ce qui concerne tout le monde doit être discuté et approuvé par tous ». C'est la traduction institutionnelle de la fraternité de tous dans l'Eglise et de la liberté que l'Evangile confère. C'est aussi un ressource considérable pour que se constitue dans l'Eglise cette opinion publique que Pie XII estimait nécessaire[1].

1. « L'Eglise est un corps vivant, et il manquerait quelque chose à sa vie si l'opinion publique lui faisait défaut, défaut

L'expérience montre que tout débat étouffé dans l'Eglise sera repris dans l'espace public dans les pires conditions, faute pour les chrétiens d'y avoir été préparés. En remédiant à ce déficit et en se contraignant à une information de qualité et aux débats, la communauté catholique pourrait apporter une modeste contribution pour remédier à la dégradation de l'information.

La culture de la décision par consensus propre à la vie synodale pourrait constituer un apport plus considérable. Dans ses modes de décision, la synodalité est plus exigeante que la démocratie quand, et si elle introduit la dictature des majorités à 51 %. La synodalité cultive, en effet, le respect de minoritaires et de leurs convictions, en cherchant toujours à obtenir des votes quai-unanimes. Pourquoi ? Parce que l'ensemble des dons du Saint Esprit ne se trouve que dans l'ensemble de l'assemblée et qu'il vaut toujours mieux avoir raison avec son frère que contre lui. Devant la dégradation actuelle du débat politique dans beaucoup de démocraties occidentales, ce pourrait être une contribution, sinon à la fraternité universelle, du moins « à l'amitié sociale » dont le pape François pense, à juste titre, qu'elle doit être un souci des disciples de Jésus.

---

dont le blâme retomberait sur les pasteurs et sur les fidèles », Pie XII, « La presse catholique et l'opinion publique » Doc. Cath. 47 (1950) 327.

La synodalité, valeur foncière de la vie de l'Eglise

Ce qui a été affirmé de la vie synodale exprime l'essence de l'Église : sans assemblées, sans conseils, sans synodes et sans conciles, elle ne saurait exister. Pastoralement, c'est d'ailleurs une nécessité. Elle permet à tous, évêques, prêtres, religieux et religieuses, chrétiens et chrétiennes de se rencontrer, de s'informer, de préparer des décisions ensemble. En continuant tous ensemble cet apprentissage[1], au niveau paroissial et diocésain, l'identification du clergé à l'Eglise s'estompera. On se rapprochera aussi des autres chrétiens[2].

Une Église qui entre en synode est surtout une Église où tous se mettent à l'écoute de l'Évangile. Depuis l'Antiquité, tout concile ou synode

1. S'agissant d'un synode à proprement parler, un apprentissage n'est acquis que lorsque l'on en a célébré trois ou quatre. Plus de cinquante ans après Vatican II, combien de diocèses français ont célébré plus de deux synodes ?

2. Une raison de la rupture de communion avec l'Eglise orthodoxe se trouve dans la juridiction immédiate que l'évêque de Rome peut exercer, seul, sur toutes les Eglises et tous les fidèles. Quant à la Réforme, depuis Melanchthon, elle récuse qu'on doive recevoir les décisions papales telles quelles, sans qu'on puisse même « demander des explications ».

commence par l'intronisation du livre de l'Évangile au milieu de l'assemblée ; ce qu'on continue de faire en tout synode diocésain. C'est à cette lumière, que les participants et participantes deviennent des compagnons de route les uns des autres, – selon le sens même du mot *synodos* –, après avoir négocié ce qu'il fallait, s'être résolu à corriger ce qui avait besoin de l'être, et s'être doté d'une législation, brève mais efficace.

Enfin, un synode enfin est un événement de grâce. Sous l'Ancien Testament, Dieu accompagnait son peuple en marche, pourquoi ne nous visiterait-il pas quand nous nous mettons, nous aussi, en route, en synode ?

Bibliographie

- Pape François, *Lettre du pape François au peuple de Dieu*, 20 août 2018
- Pape François, exhortation apostolique, *Querida Amazonia*
- Yves Congar, *Jalons pour une théologie du laïcat*, Éditions du Cerf, Paris, 1954
- Michel Albert, Jean Boissonnat et Michel Camdessus, *Notre foi dans ce siècle*, Arléa, janvier 2002
  Hervé Legrand, « Où en sont les réformes ecclésiologiques envisagées à Vatican II ? », dans *Vatican II, un avenir oublié ?*, Paris, Bayard, 2005, p. 118-139
- Alphonse Borras, *Communion ecclésiale et synodalité*, Éditions CLD, novembre 2018
- Hervé Legrand, « Abus sexuels et cléricalisme », *Études*, n° 99, avril 2019, p. 81-92
- *Synode pour l'Amazonie*, document final

Table des matières

Partie II
Pour une transformation fraternelle du monde

Partie III
Pour une Église synodale et fraternelle

Composition et mise en pages
Nord Compo à Villeneuve-d'Ascq

Achevé d'imprimer en France en novembre 2020
dans les ateliers de Normandie Roto Impression s.a.s.
61250 Lonrai
Dépôt légal : décembre 2020
N° d'impression : 2004340